少年简读中国史

隋唐五代

陈小玲 吴琼 邓玮光 ◎ 著

南京大学出版社

目录

引言：光荣与伟大——从中古到近古　　4
隋唐五代政权简表　　6

【走向盛世】
隋的统一　　8
初创科举　　14
千秋功罪　　21
贞观之治　　27
女主临朝　　32

伟大旅途　　39
开元盛世　　45
诗仙诗圣　　53
国际都市　　59
遣唐使节　　64

【危机与重构】

安史之乱　　　　　　　　　　69

藩镇割据　　　　　　　　　　75

扬一益二　　　　　　　　　　80

黄巢之乱　　　　　　　　　　85

关中唐陵　　　　　　　　　　92

全忠不忠　　　　　　　　　　98

儿子皇帝　　　　　　　　　　105

四朝元老　　　　　　　　　　112

我命由我　　　　　　　　　　120

黎明曙光　　　　　　　　　　127

隋唐大事年表　　　　　　　　134

引言：光荣与伟大
——从中古到近古

说到古希腊和古罗马文明时，人们会借用美国诗人爱伦·坡的诗："光荣属于希腊，伟大属于罗马。"古希腊和古罗马是西方文明的摇篮，是被津津乐道的光辉时代，它们在政治、文化和艺术上给了西方无穷无尽的资源和灵感。

公元581年至907年，是中国历史上的隋唐时期。隋唐两朝夹在魏晋南北朝与五代十国两个割据纷战的乱世之间，上承秦汉，下启北宋，是我国历史上第二个大一统时代。

对比世界历史来看中国，我国古代历史大致可分为"上古""中古""近古"三段，有史以来至东汉为"上古"，魏晋南北朝、隋唐五代为"中古"，宋代至明清为"近古"。隋唐属于"中古"。以唐中叶为界，隋唐历史又可分为前后两期，前期继承和发展魏晋南北朝的政治文化，后期开启宋代以后新的文明。

魏晋南北朝的代表性文化是以士族制为主的门阀文化，士族在政治、经济、文化上占有绝对优势地位，这是"贵族的时代"。北宋开始，以科举制为基础，平民登上历史舞台，由此带来了社会生活方式、文化艺术上的极大改变,历史真正实现了从"贵族时代"向"平民时代"的转变,而这个转变过程,主要发生在隋唐五代。

隋唐五代在中国历史上的重要性不言而喻。对世界历史来说,包容开放的大唐与世界各地有众多文化交流,直至现在,很多国家和地区还称中国人为"唐人"。政治制度、物质文化、书画、诗歌、建筑、饮食……隋唐的美,迄今还镌刻在各种古代遗迹和现代文明中。

可以说,光荣与伟大,也属于隋唐。

隋唐五代政权简表

政权名称	时间(年)	都城
隋	581—618	大兴(陕西西安)
唐	618—907	长安(陕西西安)
五代		
后梁	907—923	汴州(河南开封)
后唐	923—936	洛阳(河南洛阳)
后晋	936—947	汴州(河南开封)
后汉	947—950	汴州(河南开封)
后周	951—960	汴州(河南开封)
十国		
吴	902—937	广陵(江苏扬州)
吴越	907—978	杭州(浙江杭州)
前蜀	907—925	成都(四川成都)
闽	909—945	长乐府(福建福州)、建州(福建建瓯)
南汉	917—971	兴王府(广东广州)
南平	924—963	荆州(湖北江陵)
楚	927—951	长沙府(湖南长沙)
后蜀	934—965	成都(四川成都)
南唐	937—975	金陵(江苏南京)
北汉	951—979	晋阳(山西太原)

隋的统一

隋开皇九年(589)农历正月丙戌(公历2月12日),当时还是晋王的杨广以征服者的身份率军进入南朝陈的首都建康(今江苏南京)。进城伊始,他就公开处决了被认为祸国殃民的陈国奸臣五人,以告慰陈(国)的遗民。此外,杨广对陈(国)府库中的资财一无所取,只是收走了其中的图书档案。消息一经传出,贤王之名不胫而走。不知这位后来的隋炀帝站在旧敌统治地的城头,俯瞰涛涛江水,此时心中又在思索着什么。不过不管未来如何,随着"陈"字王旗落下石头城,一个时代结束了。

这是一个充满了血腥与动荡的时代,也是一个孕育着生机与希望的时代。自西晋怀帝永嘉之乱开始,天下幅裂。一面是"中原萧条,白骨涂地",一面是英雄辈出,名臣迭起,奇谋秘计层出不穷。

北 方

大体而言,北方,以匈奴、鲜卑、羯、氐、羌五族为主再加上汉、丁零等族,在相互的兼并战争中,先后建立了汉(匈奴刘氏)、前赵(匈奴刘氏)、后赵(羯石氏)、前凉(汉张氏)、后凉(羌吕氏)、西凉(汉李氏)、南凉(鲜卑秃发氏)、北凉(匈奴沮渠氏)、前秦(氐苻氏)、

隋的统一

后秦(羌姚氏)、西秦(鲜卑乞伏氏)、前燕(鲜卑慕容氏)、后燕(鲜卑慕容氏)、南燕(鲜卑慕容氏)、西燕(鲜卑慕容氏)、北燕(汉冯氏)、夏(匈奴赫连氏)、成汉(氐李氏)、冉魏(汉冉氏)、翟魏(丁零翟氏)等二十个割据政权(因为崔鸿的名著《十六国春秋》影响深远,故习称"五胡十六国"),构成了四世纪北方中国虽然纷乱却充满生气的画卷。他们的行为已经脱离了原始的部落掠夺,而成为更类似于汉末群雄逐鹿的情况。最典型的代表是第一个建国的匈奴刘渊。当下属劝其起事"复呼韩邪之业"时(呼韩邪为匈奴单于,西汉时与王昭君和亲),刘渊立即回答,"当为崇冈峻阜,何能为培塿乎"(要做高山,怎么能当小土丘),"上可成汉高之业,下不失为魏氏"(最

《历代帝王图》中的隋文帝杨坚 《历代帝王图》相传为唐代阎立本所绘,原件现藏于美国波士顿美术博物馆。

好能像刘邦一样并吞天下,最差也能做个曹操)。与祖先们不同,长期浸润在汉文化背景中的民族首领们,已经不再是单纯的草原英雄,不少人开始渐染华风。熟读诗书、综览诸子者不乏其人。他们逐渐接受了汉人的天下观,视中原为中心,理想已经不再仅是回归草原、复祖先之业,做本民族的单于,而是要做天下的霸主。在首领们雄心的引导下,不同民族以中原为舞台,各展所能。通过交流,不管是暴力的还是非暴力的,主动的还是被动的,他们逐渐加深了彼此间的了解,这为即将到来的民族大融合奠定了基础。最终北魏借此一统北方,并通过孝文帝的汉化改革,一举加速了民族融合的进程,为之后东魏—北齐、西魏—北周—隋的到来铺平了道路。

江南佳丽地　金陵帝王州

隋的统一

南　方

南方，随着"洛京倾覆，中州士女避乱江左者十六七"，这些往南方移动的人口分布在东西万里的长江流域，使得该地区的人口结构发生了巨大变化。据谭其骧先生的研究，按接收移民性质上的差异，长江流域又可以分成东、西两个区域。东区包括长江下游和淮河流域，接收的移民以来自今山东、河北、河南东部为主；西区包括长江中上游及汉水流域，以今甘肃、陕西、山西、河南西部的移民为主。以小区域范围而言，今江苏省、安徽省范围内的移民数量将近移民总数的一半，而今南京（当时称建康）和镇江（当时称丹徒或京口）两市范围内的移民又占了当时江苏境内移民的绝大部分。这也埋下了今天两市虽与苏州、无锡、常州同属江苏长江以南地区，口音却大不相同的伏笔。这次迁移也改变了南方的文化生态。作为移民的北人与作为土著的南人刚见面时，矛盾重重。但随着时间的推移，在面对来自北方的强大压力时，双方最终达成了妥协。就上层文化而言，南人由于政治上处于弱势，不得不放弃自己的文化立场，转而加入北人的行列。而下层文化则截然相反，为了适应江南风土，北人不得不在生活方式上逐渐南方化。最终，形成了一种寄生于传统江南文化之上的北方精英文化，并在东晋、宋、齐、梁、陈的朝代交替中彻底蜕变为一株崭新的江南"植物"。

发展的必须

对于这个前所未有的时代，仅就中国而言，似乎是偶然，但放在世界历史的发展过程中，又似乎是必然。繁荣于欧亚大陆东部的中国文明，与欧洲文明相比，具体面貌上有很多不同，但从政治社会发展的大势上，却有惊人的相似。从古代向中世纪过渡的过程中，欧洲文明中心的地理分布出现了由南（地中海沿岸）向北（西欧）的移动。而中国的情况则是由黄河中下游地区（中原）向长江中下游地区（江南）移动。公元395年，罗马帝国分裂，被称作"蛮族"的日耳曼人开始入侵。几乎同时期的东亚世界也经历了"五胡十六国"。劫后余生的欧洲人为了生存，退缩到用于自卫的狭窄城堡之中。而东方的人们也筑起被称为"村"（邨）或"坞""坞壁"的堡塞，以图自保。政治上的动荡动摇了皇权，却给贵族权力的扩张带来了契机。在三、四世纪的中原汉人社会中，已经确立了基于门第、血统的贵族身份，贵族垄断了政治、社会、文化各个领域。而西方的中世纪贵族社会更是让大家耳熟能详。

如果再将眼光放大一步，全球视野上，这又是一个全球气候变冷的时代。温度的降低使适宜农耕的地区北界逐步南移。而农耕民族的特点是安土重迁，当北方产粮区的面积被压缩时，他们很难

西安出土的隋代绿色琉璃瓶 文物现藏于陕西历史博物馆

作出主动南下开拓新粮区的决定，相反是倾向于选择在原有地区另寻出路。但在大自然面前，人的努力往往是杯水车薪，粮食不可避免地开始出现减产。而粮食产量的减少会慢慢动摇农耕社会的基础。与此同时，温度降低也会给游牧草场带来影响，但游牧民族更为灵活，为了生存，他们可以寻找新的牧场，而在当时情况下，最可能的新草场就在南方农耕民族手中。在大自然的无声驱赶下，游牧与农耕之间的矛盾逐渐积累，最终当农耕民族内部的粮食压力爆发，同时牵连出其他社会政治问题时，磨刀霍霍的游牧民族就趁虚而入了。最终在全球范围内，游牧民族完成了对农耕民族的全面压制。

当然，隋的统一让这些在东方成了过去式。不过旧时代的终结并不意味着旧问题都得到了解决，那些在战争时期被掩盖的问题随着统一都翻到了台面上，比如如何解决民族矛盾、促进民族融合，消除南北地域歧视，打击贵族权势，选举行政人才，等等。一件件似乎都刻不容缓，而在此之前，还有更棘手的王位继承问题。

隋的统一成为了打开潘多拉魔盒的钥匙，将这些麻烦摆在了杨氏父子面前。他们如何选择，将对即将到来的这个新时代产生深远的影响。

初创科举

据说唐太宗曾有一次站在洛阳皇城的南门,注视着排队而出的进士们的背影,得意地说道:"天下英雄入吾彀中矣!"(天下英雄都在我掌控之中啦)后人评价"太宗皇帝真长策,赚得英雄尽白头"。而这让天下英雄不得不为之白头的"长策"正是科举制。

什么是科举?简单而言,就是通过不同科目的考试,以此来选举人才。在各种科目中,一开始最受重视的是秀才科。秀才科的考试形式比较简单,就是出五条行政难题,要求考生写出对策——方略策。但作为最受重视的科目,考官有意控制通过率,唐初每年只有一到两人及第,最多的时候也只有贞观十九年(645)的三人而已。在考试通过率极低的同时,参考资格的产生方式也阻碍了这门科目的延续。参加秀才考试的考生都需要地方长官推荐,并且规定,一旦被推荐人名不副实,要追究推荐者的责任。这个政策本意是防止地方长官胡乱推荐,但配合秀才科可怜的通过率,对地方长官而言,权衡利弊后的最佳策略显而易见——尽量不推荐。这直接导致秀才科的参考人数越来越少,到唐高宗时不得不予以废止。虽然唐玄宗开元二十四年(736)以后曾短暂恢复,但很快就因为考官审核过严,三十多年没有合格的人,最终名存实亡。

进士科、明经科

随着秀才科的没落,进士、明经两科逐渐成为考生趋之若鹜的对象。进士科考试的内容由帖经(类似今天的填空题,把儒家经典中的原话砍头去尾,只留下中间部分,要求考生补全)、杂文(后改为诗、赋各一篇)和时务策(时事政治问题对策)组成。其中最重要的考察内容是杂文(诗赋)。明经考试早期只考帖经,后来加上了口试、时务策。其中最重要的考察内容是帖经。

《明状元图考》书影

从考试内容可以看出,进士科重视考生的个人文采,明经科重视考生的记忆能力。相较而言,进士科考试更为灵活,通过难度也更大。唐代录取的进士数量很少,每年通常在二三十人,与之相比,明经取士的数量则要多得多。这使当时人普遍默认,进士科合格者的身份要高于明经科的合格者。所以有了"三十老明经,五十少进士"(三十岁考取明经科已经算老了,五十岁能考取进士科还很年轻)的谚语。在授官时,考取进士科也远远比考取明经科更占优势。

这样一个复杂的考试系统在中国维持了1300余年,给中国社会带来了极为深远的影响,甚至今天的高考、公务员考试中都可以看到它若有若无的影子。而开创这样一个制度的就是隋这个短暂但极为重要的朝代。

秦　制

在中国历史中,有两个很有意思的朝代,一个是秦,另一个就是隋。两者都十分短命,秦从统一到灭亡不到短短十五年,隋延续的时间虽然比秦长,也不过三十七年略多一点。这两个短命王朝却确立了中国历史上的几项关键制度,如秦的皇帝制度、郡县制、中央集权制,隋的科举制、三省六部制。他们的短命,恐怕来源于他们所接受的空前遗产——经过数百年战乱后的统一中蕴涵的各种挑战,而他们的创造力同样来源于这些前所未有的挑战。

无论是秦还是隋,在统一后都面临一个相同的问题——人才的缺乏,或者更准确地说是缺乏足够忠心于中央的人才。从管理

初创科举

一个家庭到管理一栋楼,到管理一个社区,再到管理一个县、市,直到一个国家。随着地区的扩大,为了实现全面控制,管理人才的缺口会呈几何级数上升。而成为管理人才的基本条件是掌握一定量的知识。但在印刷术普及前,知识传播十分困难,相对高深的知识只能靠家族传承或者小范围内的师徒相授实现传播,而这两种方法培养的人才都很难保证对中央的忠心。

为此,秦的解决方法是,既然找不出那么多忠心于自己的高知管理人才,那就反过来降低管理难度,让管理者不需要太高的知识水平。于是,秦提出"以吏为师",并配合初级版的郡县制,试图把所有人变成郡县制这个大机器上的零件,用彻底的愚民政策减少民众行动的不确定性,让管理变成遵照手册即可进行的简单操作。但它忽视了人的多样性和复杂性,千人一面的改造计划最终失败。

汉 制

在秦的经验教训下,汉代统治者换了一个思路,在没法根本扭转管理人才不足状况的前提下,让出控制不了的权力,从而平衡人才数量与管理需求。代表政策就是升级版的郡县制,即一种在中央集权名义下的地方分权制。如隋代刘炫曾总结的那样:以前,州

明仇英绘《观榜图》卷(局部)
原件现藏于台北故宫博物院

只置纲纪（刺史），郡置守、丞（郡太守的副官），县唯置令而已。……中央对地方的实际任命官员，一州往往不过数十人。中央实际能掌控的不过是一州中几个主要职能部门的负责人（各地一把手、二把手，如州刺史、郡太守、郡丞、县令、县丞等），至于具体的行政办事人员，则不在中央控制的编制内。众所周知，光靠几十个人是管理不了一个州的，权力会出现了巨大的真空，而这些真空就靠这几十个人的僚属去填补。

清戴衢亨绘《夏荷夏槐八景图册》（局部）　戴衢亨为清代状元，原件现藏于台北故宫博物院

地方官员是怎样聘请僚属的呢？这就涉及避籍制度。为了防止出现地方割据，汉代规定，地方长官不能回原籍所在地任职。这让所有的地方长官都必须从一个初来乍到、毫无根基的外乡人做起。为了方便统治，最好的方法只能是利用当地的固有势力，把他们聘请为自己的僚属，并自掏腰包支付他们的俸禄。由于处于中央职官体系之外，僚属不对中央履行义务，只向聘用自己的长官负责。在这种错综复杂的博弈中，一方面，地方长官是外来人，为了统治，需要本地有势力家族的支持，这使得一个地方的运作实际暗

初创科举

中操控在本地有势力的家族之手;另一方面,地方长官毕竟代表中央,具有合法性,而本地有势力的家族往往不只一家,为了争夺权力,他们又必须竞相依附地方长官。这样一来,只要地方长官在任时间够长,他与地方家族就很容易形成一个利益共同体,做起当地的"土皇帝"。汉宣帝甚至直言:"与我共此者,其唯良二千石乎!"(和我一起治理天下的,就是那些好的拿二千石俸禄的郡太守了)

为了避免"土皇帝"诞生,汉代中央政府也在不断想方设法增加可直接控制的人才,尽可能多地控制一些职位。其中最著名的就是实行了察举征辟制。但察举征辟制有个缺陷,就是这是一种他荐制度。只要是他荐,那么被举荐者与中央之间就隔了一个中间人——举荐者,对被举荐者来说,举荐者才是第一恩人,而不是中央。当举荐者与中央间出现矛盾时,被举荐者中难免会出现忠诚于举荐者而非中央的情况,这在东汉末年的党锢之祸中表现得尤为明显。具有举荐资格的官僚中不少都出身于各地豪族,他们通过这种制度不断向中央输送自家的子弟,以此加强自身在地方的支配地位。

九品中正制

为了打破他们对权力的垄断,魏晋时出现了九品官人法(或者叫九品中正制)。这种制度本意是按照才行从一般民众中选拔才俊,为了表示评价公正,还特意把掌握评价权的人叫作"中正"。但判断一个人的才行是很主观的事,特别是在一个人真正进入官场、获得实际成绩前,此时对他的评价都是一种预测。比如我们熟悉的,曾有人评价曹操为"治世之能臣,乱世之奸雄",这种评价当然有些是有根据的,但更多的不过是地方大族帮助自家子弟上位的工具。转了一圈,这种制度反而帮助门阀完成了阶层固化,以至后来有了"上品无寒门,下品无势族"的说法。

随着时代的发展,中央政府的统治经验越来越丰富,它天然有向下扩张权力的冲动,不但要控制地方官员的一把手、二把手,原先不受管控的底层官员僚属也开始逐渐被纳入中央编制。而为了适应这一冲动,培养更多忠心于自己的人才是当务之急。为了换取人才的忠心,中央迫切需要一种无需中介、直接获取人才的方法,让自己成为人才的第一号恩人。

科举制

到了隋代,时机终于成熟了。一种前所未有的考试制度——科举制诞生了。这种考试制度与以往最大的不同在于,它是一种自荐制度。科举的候选人自愿参加考试,在中央与个人之间,原先的中介被抽走了。参加考试的人一旦中举,那他直接的恩人就是组织考试的中央。此外,考试强调对应试者个人真实才能的考察,打破了过去贵族性的、封闭的、固化的任官制度,转而变为行政性、功绩制、具有流动性的任官制度。从此,即便是名门子弟,一旦在官场竞争中落伍,不知不觉就会沦为失败者,遭到世人抛弃。

当然,不可否认,隋唐时科举制毕竟初创不久,仍不免会受到注重出身的旧选官制度的影响,比如应试者必须具备成为学馆学生的资格,而具有这一资格的人大多非富即贵,真正做到平民也可以普遍应试要到宋以后。但将个人才能作为选拔首要原则的确立,最终敲响了门阀贵族的丧钟。这些在新制度中被选拔出来的人才,开始更多地将成功归结于自身的努力,以及中央的赏识,而不是家族的栽培。这种心态的扭转,终于让以唐太宗为代表的帝王们可以笑着说一网打尽天下英雄了。

千秋功罪

曾有一人,貌美早慧,在众多兄弟中最为父母喜爱;又年少好学,文采飞扬,深得舆论赞赏;此外,作为贵公子,却并无太多纨绔常有的不良嗜好,尊敬父母,关爱下人,21岁便立下统一天下的大功。可能唯一的遗憾就是不是嫡长子,除此之外,堪称完美。让这样的人君临天下,大家扪心自问:能否诚心接受?恐怕大多数人至少不会反感。但如果告诉大家,这个人是隋炀帝杨广,那么又作何感想?

隋炀帝可谓中国历史上有名的昏君代表。其罪状大致有三:一,得位不正;二,穷兵黩武;三,穷奢极欲。但如果我们仔细分析这三条罪状,却会发现其中颇有蹊跷。

得位不正

首先,关于得位不正。这实际上是隋炀帝所有罪状的根基,是其原罪。中国的皇位继承经过先秦两汉的发展,基本确立了嫡长子继承的传统。所谓"嫡长子"就是皇帝正妻(皇后)所生儿子(嫡子)中年龄最大的(长子)。这里需要注意的是,非皇后所生的皇帝长子只能称为庶长子,其即位排序在皇后诸子之后。而嫡长子继承,就是在有嫡长子的情况下,继承者必须是嫡长子。嫡长子继承制在今天看来有其不合理的地方,比如嫡长子未必是皇帝诸子中最贤明的,而将未来交给一个不知贤愚的人来掌控,就和将命运交给骰子没什么区别。实际上,自嫡长子继承制实行的那天开始,应该立长还是立贤就是一个让大臣们争论不休的话题。但嫡长子继

《历代帝王图》中的隋炀帝杨广

承制的好处也是显而易见的,就是它具有稳定性、可预期性。有了嫡长子,臣下就明确了效忠对象,避免了夺嫡带来的内耗。清朝康熙晚年的"九王夺嫡"就是一个最好的反例。此外,随着中国官僚

体系的逐渐成熟,皇帝的贤愚在一般情况下对政治的负面影响逐渐被降低。对于中国这样的农耕社会来说,具备稳定性、可预期性就是最大的优势,尤其当其他缺点可以略微克服时,拥有这一优势的选项,其地位就会逐渐难以动摇。因此,嫡长子继承制虽然在一些特殊时期会有调整,比如东晋就有过兄终弟及(晋成帝、晋康帝)、孙废爷继(晋废帝、晋简文帝)的情况,但大体上基本成为了各王朝遵循的传统,而这也构成了中式皇权的合法性依据。当然,前文说的是嫡长子继承制的地位难以动摇,并不是不可动摇,毕竟"立贤"这个选项仍然萦绕在很多人心头,特别是在嫡长子差强人意的情况下。而隋炀帝即位正是利用了这一选项。

史书中说隋炀帝善于伪装。由于母亲独孤皇后对父亲隋文帝影响很大,杨广便对母亲刻意迎合。杨广发现母亲作为皇帝正妻,对于非正妻极为厌恶。杨广便装作独宠正妻,其他妾室生了孩子也不抚养,以此讨好母亲。此外,杨广对父母身边的太监宫女、亲近大臣都曲意逢迎,请他们在父母身边进美言,说自己仁孝。与杨广相比,原来的太子杨勇则内多女宠,又不善于交际大臣,逐渐失去了父母的信任,导致被废。杨广坐稳太子之位后便原形毕露,在隋文帝病危时,威逼父亲的嫔妃,意图不轨。甚至有传言说,文帝之死也与其有关。

如果仅从上述描述来看,排除捕风捉影的猜测,其实隋炀帝即位并非完全无据可依,他只是利用各种操作诱使父母选择了"立贤"。不考虑我们现在的后知后觉,面对一个迷恋女色又自保乏术的儿子与一个至少愿意装装样子、心思深沉的儿子,选后者作为继承人似乎是顺理成章的事。甚至如果我们对比此后杀兄灭弟、逼父退位的唐太宗,隋炀帝的做法至少是在规矩范围内的,他得位的合法性要比太宗强得多。那为何我们高赞太宗为一代明君,却不能容忍隋炀帝的些微瑕疵呢?这恐怕得联系到隋炀帝的下一条罪状。

穷兵黩武

其次,穷兵黩武。隋炀帝在位不过14年,却频繁发动战争,其中三征高句丽更成为了隋炀帝一大罪责。但有意思的是,唐太宗在位23年,也频繁发动战争,也攻打过高句丽。为何做同样的事,却让后人得出了完全不同的评价呢?也许关键在于结果。隋炀帝在大业八年(612)、九年(613)、十年(614)连续三征高句丽,第一次出动一百一十三万士兵,二百多万民夫,却惨败于辽东城(今辽宁辽阳)。第二次发兵围攻辽东城,又因杨玄感反隋被迫撤军。第三次发兵不久就因隋末农民起义已遍及全国,只好议和收兵。三征高句丽,毫无建树,却留下了一首《无向辽东浪死歌》。与此相比,唐太宗远征高句丽虽未达到战略目的,但至少通过几场大胜重创了对方。因此,我们似乎可以得出结论,炀帝获得这条罪状的根本不在于他穷兵黩武,而在于穷兵黩武却一无所获,这糟糕的军事

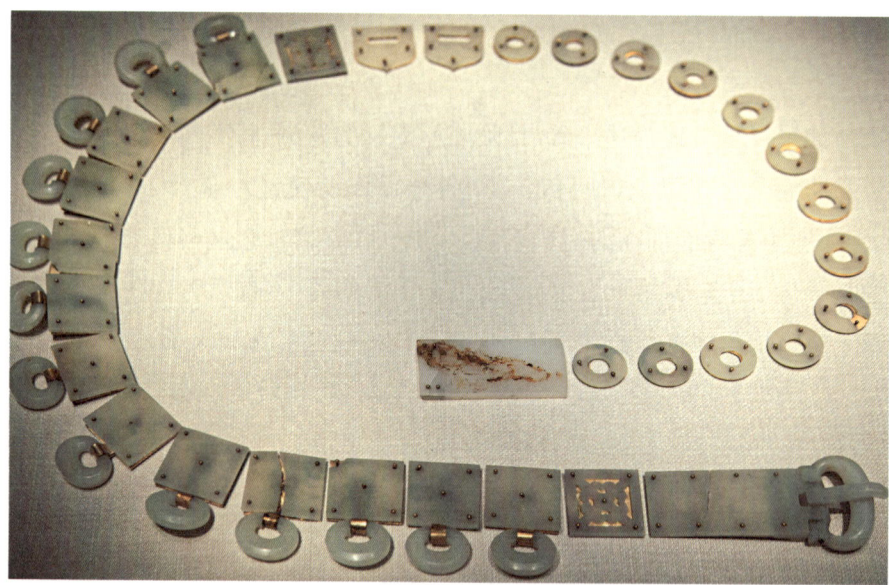

扬州隋炀帝墓出土的蹀躞金玉带 文物现藏于扬州博物馆

成绩反过来更凸显了他的穷兵黩武。

穷奢极欲

最后,穷奢极欲。隋炀帝对此"实至名归",据说他所建西苑周长二百里,苑内有周长十余里的海,海内造蓬莱、方丈、瀛洲诸座神山,山高出水面百余尺,台观殿阁分列诸山,宛如仙境。西苑北面有龙鳞渠,沿渠建有十六院,院门临渠,每座宅院让四品夫人主持。院内的建筑极尽奢华,栽种的树木秋冬叶落后,就剪彩绸为花叶点缀,彩绸颜色旧了就换上新的,使景色四季如春。院内池塘里也剪彩绸做成荷花、菱角、芡实等,每当炀帝来游玩,就去掉池水中的冰块然后进行布置。十六院的妃子们为了争宠,还在美食上争奇斗艳,以求得到炀帝赏识。隋炀帝喜欢在月夜带数千宫女骑马游园,在马上作清夜游曲为乐。除此之外,他还不惜民力营建东京(后来的东都洛阳)、开凿运河、数次临幸江都(今江苏扬州)。平心而论,除兴建宫殿苑囿之外,无论营建东京、开凿运河,还是临幸江都,都并非单纯的个人享乐,而是有政治目的蕴涵其中。随着国家壮大,都城所在的原关中地区已经无法完全供应一个帝国首都所需,所以营建东都,利用运河吸纳江南财富,这都是必然的选择。同时,这样也可以加强东西、南北间的联系,利于巩固帝国的统一,此后的唐也延续了这一政策。而临幸江都则无疑有镇抚刚征服不久的江南地区的意味,清康熙六下江南的用意正与此相仿。

千秋功罪

综观炀帝一生,他真正的弱点也许在于刚愎自用,气量不足以容人。有隋一代,名臣死在杨广之手的不少,如高颎、贺若弼等。其中,高颎在太子废立上支持了废太子杨勇,贺若弼在伐陈一役中不听杨广节度,提前开战,胜利后又恃功自傲。两人可以说都与炀帝有宿怨,仅因此就怀恨在心,最终以"诽谤朝政"罪将两人诛杀,不能不说是气量不够。有意思的是,前文我们用以频繁作对比的隋炀帝、唐太宗都曾对镜子发过感慨。隋炀帝常引镜自照,对萧后和臣下说:"好头颈,谁当斫之?"而唐太宗则说:"以铜为镜,可以正衣冠。以史为镜,可以知兴替。以人为镜,可以明得失。"正是在容人之量上的不同,让起点相近的两人最终走向了不同的结局。唐太宗实现了"贞观之治",而隋炀帝却被亲兵割去了脑袋。

　　2013年,隋炀帝墓在扬州被发掘,除了斑驳的墓志还在述说着主人的生平外,一切都归于黄土。有意思的是,墓志除了墓主人的谥号还清晰可见外,其余字迹已大多漫漶难以辨认,这也许在冥冥中暗示着墓主人的千秋功罪在历史的长河中已经难以评说。

清袁耀绘《山水四条屏》之"春台明月",是扬州胜景之一,扬州是杨广起家也是身陨之处。原件现藏于故宫博物院。

贞观之治

唐代传世名画《步辇图》描绘了吐蕃赞普(藏王称号)松赞干布派使者到长安求亲,唐太宗乘步辇会见三位吐蕃使者的场景。说到唐太宗,我们对他的名言应该不陌生:"君,舟也;人,水也。水能载舟,亦能覆舟。"以人民为本,勤政爱民。唐太宗到底是怎样的一位皇帝呢?他在位的时候,政治情况又如何呢?

唐太宗李世民是唐高祖李渊的第二个儿子,自幼擅骑射,少年从军,文韬武略,十六岁就在雁门关解救了被突厥围困的姨表叔隋炀帝,立下战功。十八岁跟随父亲李渊在晋阳(今太原)起兵反隋,并且作为主力将领带兵灭隋,是唐朝建立的重要功臣;李渊称帝后,他又带军出征,逐步消灭了各地的割据势力。

前面说过,李世民是李渊的第二个儿子,根据嫡长子继承制,皇位本不应该由李世民继承,那么他又是如何成为太宗皇帝的呢?这就不得不说到"玄武门之变"了。

玄武门之变

李渊称帝前有四个儿子,长子李建成,次子李世民,第四子李元吉,第三子李玄霸早亡。李渊在太原做官的时候,李建成、李元

昭陵六骏之拳毛䯄

都留居在李渊的河东（今山西省）老家，只有李世民跟随在父亲身边，因此，能够首先参与到李渊起兵反隋计划中的也应该是李世民。李渊称帝后，李建成以嫡长子身份被立为太子，李世民被封为秦王，李元吉封齐王。按照中国古代惯例，一来太子作为储君，更多的是需要学习如何治国理政，二来太子带兵会威胁到皇帝的统治，因此太子李建成也不统兵。李元吉在李渊反隋时留守太原，有一次因敌人进攻而弃城逃跑的经历，从此声望一蹶不振。因此，李渊称帝后的一些重要战役，多由李世民带兵指挥，他也以卓越的军事才能屡摧劲敌，被册命为"天策上将"，威望日盛。李世民为秦王时，广泛网罗人才，部将中也有不少出身于社会中下层，"谋臣猛将并在麾下"，身边逐渐形成了一个强有力的既有兵力、又有谋略的政治集团，也就是秦王府。李世民能力过人又野心勃勃，与主要由宗亲贵戚和旧官僚组成的太子李建成集团发生了激烈的矛盾和斗争。武德九年（626）六月四日，李世民伏兵在长安太极宫北面的玄武门，袭杀李建成、李元吉及其诸子，迫使

昭陵六骏之什伐赤

高祖李渊立自己为太子。这就是历史上的"玄武门之变"。

善于用人

武德九年九月四日,李世民即皇帝位,是为太宗,第二年(627)改元"贞观",由此开启了史上著名的"贞观之治"。贞观之治到底包涵哪些方面呢?我们可以从几个小的方面谈起。

李世民最为人熟知的臣下是魏徵。其实,在为李世民所用之前,魏徵曾是太子李建成的谋臣,在李建成与李世民的太子之争中,魏徵屡次劝李建成分化李世民的势力,杀掉李世民,但李建成没有听取他的建议,最后反为李世民所杀。之后,魏徵得到了李世民谋臣房玄龄的极力推荐。为了稳定当时政治局势,同时塑造不计前嫌、勤政爱民的形象,再者,魏徵又确实有政治才能,李世民决

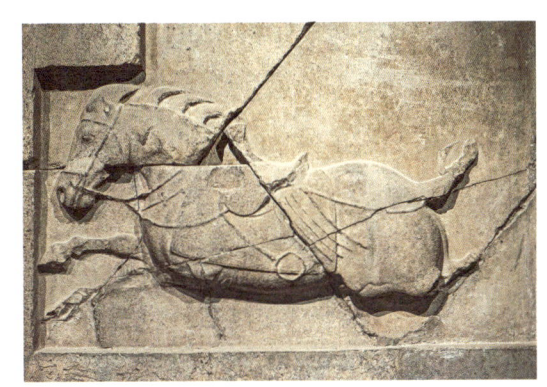

昭陵六骏之白蹄乌

定重用魏徵。魏徵以敢于直谏著称,根据《贞观政要》的记载,魏徵向太宗李世民当面谏议达五十次,呈送的进谏奏疏十多件,谏言多达十余万言。魏徵去世后,李世民说:"以铜为镜,可正衣冠;以史为镜,可知兴替;以人为镜,可明得失。今魏徵殁,朕失一镜矣。"

魏徵在贞观年间得到重用,是太宗李世民求贤若渴、重视人才和虚怀纳谏的结果。太宗的善于用人和纳谏,是"贞观之治"的内容之一,也是"贞观之治"形成的重要原因。

注重法治

李世民即位之初,命长孙无忌和房玄龄等人修订新的法典,经过十年时间,颁布了一部严密而完备的法典——《贞观律》。《贞观律》废除了过去的很多酷刑,大大减少重刑,缩小了判刑的株连范围。李世民之后的高宗李治,以《贞观律》为蓝本修订、颁布了《永徽律》,《永徽律疏》对《永徽律》进行了详细解释。《贞观律》和《永徽律疏》确定了中国古代刑法的规范,深刻影响了当时的东亚和南亚各国。

唐太宗注重法治,轻刑定律,使得贞观年间几乎成为了中国古代犯罪率最低的阶段。贞观六年(632)年末,唐太宗允许已被判死刑的两百多名死刑犯回家办理后事,并让他们第二年秋天回来就刑。到第二年九月,两百多名犯人全都回来了,没有一个人逃亡。这说明贞观年间法治施行的效果,也表明了当时政治的清明。

昭陵六骏之特勒骠

开放包容

贞观十五年(641),为了缓解吐蕃与唐王朝之间的紧张局势,太宗将文成公主嫁给了吐蕃首领松赞干布。文成公主嫁入吐蕃,带去了先进的生产技术和大量书籍;联姻后,吐蕃贵族子弟也到长安学习,汉族知识分子也被邀请去吐蕃任长官,执掌文书,这些都有助

贞观之治

昭陵六骏之青骓

于唐朝与吐蕃之间的和平友好交往。实行"和亲"政策使唐朝与其他民族之间建立了比较密切的联系。此外,唐太宗还在少数民族聚居地设立羁縻府州,即不改变本民族的生活方式和风俗习惯,允许民族首领充任所在地区的府、州官员,继续直接统治自己的民族。这种政策有利于缓和当时的民族矛盾,降低唐朝的民族忧患。

唐太宗开明的民族政策大大提高了唐朝的威望。贞观年间,各民族首领来到长安,尊称唐太宗为各民族共同的首领——"天可汗"。

贞观年间,除了前文提到的善于用人、虚怀纳谏,注重法治、轻刑定律和实行开明的民族政策外,唐太宗还十分关注官吏的廉洁问题和人民的生产生活。他以身作则,崇尚节俭;减轻人民的徭役负担,降低赋税,使农业得以稳定发展。此外,外交上,贞观年间,唐王朝接收了大批外国留学生,留学生学习唐朝的典章制度和民风民俗,并将其传播回本国。得益于唐朝开放包容的民族政策与外交政策,"唐人"逐渐成为一个专有名词并流传至今。

昭陵六骏之飒露紫

女主临朝

唐代,我国历史上出现了第一位,也是唯一一位真正意义上的女皇帝——武则天。武则天六十七岁登基,也是我国历史上即位时年龄最大的皇帝。

武则天是并州文水(今山西吕梁文水县)人,出生在利州(今四川广元)。父亲武士彟(yuē)是贩卖木材的商人,地位虽低却家境殷实。唐高祖李渊未称帝时,多次留住在武家;等到李渊太原起兵反隋,武士彟又资助了钱财和粮草。因此,唐朝建立后,李渊论功行赏,赐予武士彟应国公的爵位。武氏也从商人之家一跃变为新兴的官僚士族。

武士彟有两个儿子、三个女儿,武则天是次女。史书记载,武则天幼年时,术士袁天罡来到武家,见到被乳母抱着、谎称是男孩儿的武则天时很吃惊,说:"这位郎君龙睛凤颈,是极致的贵人相。"又转到侧面,一边看一边惊叹:"如果是女孩,实在是不可窥测,以后一定是天下之主。"

废王立武

十四岁时,武则天因为"容止美"被唐太宗李世民召入宫,封为才人,赐号"武媚"。太宗有一匹名马"狮子骢",膘壮而性子烈,没人能驯服。武则天对唐太宗说:"我能制服它,但需要三件东西:一是铁鞭,二是铁棍,三是匕首。先用铁鞭抽打它,如果不服,就用铁棍敲脑袋,再不服,就用匕首割断喉管。"太宗对这个年轻女孩子身上表现出来的勇气甚为惊讶。太宗病重期间,武则天与常来探望父亲的太子李治互生好感。李世民驾崩后,武则天根据惯例与同样没有生育子嗣的嫔妃们一起,入长安感业寺为尼。第二年,王皇后为了与萧淑妃争宠,向高宗李治请求将武则天纳入宫中,李治应允。

武则天入宫后很快生下儿子李弘,得到李治的宠爱,次年便被拜为昭仪。又过了两年,武则天生下一个女儿。公主一个月的时候,武则天向李治哭诉王皇后谋害公主,李治有了"废王立武"的打算。接下来一年,李治不顾长孙无忌等元老大臣的反对,将王皇后与萧淑妃废为庶人,两人的家人也被削官免爵,同时将武则天立为皇后。

清人绘武则天像

李治废王皇后立武则天,并非表面上看到的后宫争宠。王皇后出身和代表的家族,属于老牌关陇贵族集团,而支持武则天的则是新兴士族。李治为帝后，以长孙无忌、褚遂良为首的关陇贵族集团势力强大，过度把持朝政，皇权受到很大限制，借"废王立武"的契机，李治贬黜了长孙无忌、褚遂良等一批开国元老，从而将权力集中到自己手中，这不仅沉重打击了关陇贵族集团，也使武则天所代表的新兴士族势力得以抬升。

武则天被立为皇后以后，高宗李治因为身体状况不佳，让武则天协理朝政，武则天"垂帘于后，政无大小皆与闻之。天下大权，悉归中宫，黜陟、生杀，决于其口"。涉足政治十四年后，高宗李治称"天皇"，武则天称"天后"，合称"二圣"。

改朝换代

武则天一共生了四个儿子，长子李弘病逝后，武则天流放并赐死了比较有贤能的二儿子李贤，又先后废黜继任李治当上皇帝的第三子中宗李显和第四子睿宗李旦，最后干脆自己做了皇帝。称帝后，武则天改国号为"周"，历史上便称武则天为皇帝的时期为"武周"。

在古代社会，武则天能够以女性的身份坐上皇帝的位置，除了她本身具有的政治野心和杰出才能外，也在一定程度上反映了当时的社会风气。隋唐承袭自北朝，是有草原民族血统的汉人建立的国家，隋唐时的社会风气也受草原民族影响。鲜卑族建立的北魏政权继承和保留了母系氏族的痕迹，女性的社会地位较同时期的汉族更高，社会上层的妇女在参政议政方面拥有较多权力，比如北魏冯太后，与当时的孝文帝并称"二圣"。武则天登上帝位，也是对唐代文化承袭自北朝的客观反映。

那么武则天为政如何呢？我们通过武则天时期名相狄仁杰的事例对此稍作了解。

女主临朝

广开仕途

狄仁杰是并州太原人，出生于一般的官僚家庭，通过科举考试步入仕途，担任的第一个官职是汴州判佐，一个八品官，此后历任大理寺丞、侍御史等职。武则天称帝后，派人到地方上寻访、搜揽人才，第二年便破格将狄仁杰从一般的地方官员提拔成了首席宰相。狄仁杰可以由八品入仕的普通官员升为宰相，除了政绩突出为人称道外，还有一个重要原因便是得到了河南道黜陟使阎立本和兵部尚书娄师德的举荐。

提梁银罐

鎏金鹦鹉纹提梁银罐，出土于何家村窖藏，用于盛放炼丹材料。相传武则天喜爱鹦鹉，也曾在宫廷里豢养。文物现藏于陕西历史博物馆。

武则天时期，老牌关陇贵族的势力仍然很强大，他们重门第，通过门荫和把持科举取士，维持自己在官僚系统中的优势地位，这不仅不利于新兴士族的成长，也影响权力集中。为招揽更多贤才辅佐治理天下,武则天不仅大力通过科举考试从普通百姓中选拔人才,更先后颁布了《求访贤良诏》《求贤制》《搜访贤良诏》三篇诏令,极力求访、招纳贤良。又下诏"令文武内外官五品及七品以上清官及外官刺史都督等,于当管部内,即令具举""令文武官五品以上,各举所知""内外百官九品以上及百姓有才能者,皆可自荐",于是,当时的官员都以举贤为己任,官民又可以自荐,这就使得一批有才能却出身一般的低品级官吏和身份低微的知识分子得以进入上层统治集团,一些有才能但未科考及第的士人和平民百姓也可以被选拔出来担任职务,考察合格的人可以被正式任命为官员。

除了举荐制度外,武则天又首创殿试,亲自策问考生,及第者直接成为天子门生,有效避免了通过大臣选拔人才而造成的结党营私和党派纷争。另外,为了防止考官在考试中徇私舞弊,武则天还创立了科举糊名制,判卷的时候把考生的姓名封起来,判卷官不知道改的是谁的卷子,也就不能偷偷给社会地位高的士族出身考生打高分了。这样就有效避免了官吏选拔看出身,寒门学子得以凭真才实学踏上仕途。

据统计,武则天时期,她亲自提拔的宰相有六十七人,其中依靠门荫入相的贵族出身者仅占十分之一,其余均为新兴士族和庶族通过科举考试,或杂色入流(低等级的政府部门杂吏凭借才能被选拔为官员)成为宰相的。

武则天出身于新兴士族集团,与老牌士族关陇贵族在政治上有比较大的矛盾冲突。为了笼络政治力量、稳固统治,武则天一方面发展科举,拓展入仕途径,另一方面大力提倡和鼓励举荐人才。这些举措为真正有才能的贤良志士提供了政治沃土,也一步步冲

女主临朝

击了贵族门阀与庶族的界限,庶族有了更多机会入朝为官,有利于新兴士族的成长。

酷吏统治

武则天作为女姓成为皇帝,打破了当时官民的固有认知,挑战了沿续千年的传统观念,天下对她议论纷纷;同时,武则天以新兴士族的身份掌权,侵犯了手握重权的贵族的利益。因此,武则天执政后,面临着朝廷内外的巨大压力。武则天经常疑心有人意图谋害自己,因此大开告密的方便之门,告密者所言为真,就赐予官位,不真实也不怪罪。伴随蜂拥而至的告密者而来的是大量被诬告的官员,刑讯逼供成了常规操作,由此诞生了"酷吏",出现了来俊臣、索元礼等历史上的知名酷吏。

来俊臣本是地痞无赖,也就是街头小流氓,因奸盗罪被捕入狱,在狱中因为告密受到武则天的破例接见和提拔,由此成为武周

乾陵神道石刻

时期有名的酷吏。来俊臣凶残狠毒，以迫害人为乐。来俊臣为吏时，有人控告文昌右丞周兴与丘神勣合谋造反，武则天命来俊臣审问周兴。来俊臣邀请周兴到家里做客，一边喝酒一边假装议论案子，问周兴："对于审讯再三都不肯认罪的囚犯，有什么办法使他们招供呢？"周兴回答："这很容易，取一个大缸，四周堆起木炭来烧，然后让囚犯进到缸里去，他们敢不认罪吗？"听完这番话，来俊臣吩咐侍从取来一个大缸，按照周兴的办法在周边燃起炭火，然后站起来对周兴说："有人控告你谋反，请你自己钻进这个大缸里吧！"周兴非常惊恐，当即磕头认罪，这也是成语"请君入瓮"的由来。

武则天长寿元年（692），来俊臣罗织罪名诬告宰相狄仁杰谋反。酷吏和告密之风的盛行使得许多无辜者身陷囹圄，遭到非人的祸害，狄仁杰便是其中之一。这次事件后，狄仁杰被贬为县令。但很快，武则天意识到狄仁杰是被人陷害，加上自己又确实需要狄仁杰来治理朝政，因此很快又重新提拔狄仁杰为宰相。

武则天的政治统治是广开入仕途径与酷吏统治的结合，看似大相径庭，实则殊途同归——都是为了排除异己、巩固统治。武则天所处的时代接近盛唐，虽然新兴士族已然兴起，但山东的旧贵族依然非常强势，式微的关陇集团也一息尚存。武则天出生于庶族官僚家庭，是新兴士族阶层的代表，为稳固政治统治，必然要拉拢庶族和新兴士族。因此，她一方面"笼四方豪杰自为助"，另一方面又任用酷吏强势监督，但"尊时宪而抑幸臣，听忠言而诛酷吏"，为的都是建构和壮大自己的势力。

伟大旅途

中国四大名著之一《西游记》中所描绘的取经四人组——唐僧、孙悟空、猪八戒、沙和尚,在中国可谓家喻户晓,但恐怕很多人还不知道,唐僧在历史上确有其人。

历史上的唐僧姓陈,洛州偃师(今河南偃师市)人,法号玄奘。玄奘出身于官宦世家,从高祖(祖父的祖父)就开始为官。父亲陈惠,曾为陈留县令,后改任江陵县令。母亲宋氏,是隋代洛州长史宋钦的女儿。家中兄弟四人,玄奘最小。他的二哥陈素早先出家,取法号长捷,也是一代高僧。

玄奘生来就很聪慧,擅长举一反三。八岁的时候,有一次父亲教他《孝经》,当说到曾子避席一段时,玄奘忽然整理衣襟,站了起来。父亲问他为什么,玄奘回答说:"曾子这样的贤人,听到老师的教导,还要离开座位,恭敬地站着。我现在不过是一个什么都不知道的孩童,接受父亲的教诲,怎么能安然坐在那里呢?"他父亲听了很高兴,觉得他长大必定成器,宗族邻里们听说后,也赞叹不已。

玄奘五岁丧母,十岁丧父,便由他二哥长捷法师带到所在的东都洛阳净土寺学佛,于隋炀帝末年正式出家,法号玄奘。大理卿郑善果曾问他出家的志向,玄奘回答说:"我要光大佛法。"他一生都在践行幼时立下的志向。

西行求法

陕西西安大雁塔前的玄奘像

玄奘十分好学,只要能找到的佛经都会取来诵读学习。在看经书的过程中,玄奘逐渐发现,其中有很多错漏。这是因为当时的佛经主要是从印度翻译而来,在翻译过程中,难免会有误翻漏译的情况。这些错误无疑会影响后来的学习者,因此,玄奘立下一个宏愿,要学习古代高僧舍身求法、利益东土的精神,去佛教的发源地印度,找到这些佛经的原始版本,重新对它们进行翻译,形成一个正确的本子，造福后人。

　　于是，玄奘和一帮志同道合的僧人向朝廷请愿，希望能允许他们西行求法。但由于唐朝初建不久，局势不稳，北方又受到突厥的压力，对边塞的管理较为严格，因此没有批准他们的请求。同伴们见事不可为，便不再坚持，只有玄奘矢志不移，仍积极学习异域语言，以待时机。唐太宗贞观初，长安粮食歉收，发生了饥荒，政府放松了对人民出行的管制，允许大家出长安到粮食多的地方自谋生路。借此机会，玄奘决定趁乱出关，遂毅然西行，时年不足30岁（有26岁、28岁、29岁三种说法）。

历经磨难

　　一路上，玄奘历经艰辛。在凉州时，凉州都督不准他出关，幸赖当地僧人帮助才得偷偷出去。途中，由于西行地势险恶，连向导都不愿意再跟随前行，玄奘只好一人上路，以前人留下的马粪以及不幸的旅行者的遗体作为指路的标记，艰难前行。其间稍有不慎，就会陷入绝境。当时守卫唐朝边境烽燧的校尉王祥看见玄奘一个人往西边走，以为他是一位要饭的流浪僧人，怕其不知沙漠凶险，便建议他转头东去敦煌落脚，说那里有人会接济他。玄奘回答说："我的遗憾是，佛去世之后，留下的佛经有残缺。所以不惜性命，不怕危险，发誓要去西方，求得完整的佛法。在此之前，我决不会往东退一步，背叛自己的志愿。"王祥为玄奘的坚定信念所打动，于是为他提供水和干粮，又送了他十里。王祥还替玄奘写了封介绍信，让他带给自己的侄子，因为侄子负责后面的烽燧，可以在途中照顾玄奘。

　　离开王祥侄子所在的烽燧时，已是寒冬腊月，玄奘遇到风沙迷失了道路，又在喝水时失手打翻行李，弄丢了全部的口粮。这时，孤立无援的玄奘只能一个人在荒无人烟的大漠中艰难前行,结果五天四夜滴水未进、粒米未食,最后昏倒在沙漠中。好在第五夜他被寒风吹醒,才得以侥幸生还。幸运的是,在生命垂危之际,玄奘终于找到一块有水有草的地方,休息了一天,待体力稍稍恢复,又走了两天,终于走出了大沙漠。

在西行途中,除了危险外,玄奘也曾遇到过一些诱惑。经过高昌(今新疆吐鲁番东)时,因为高昌王笃信佛教,玄奘得到了隆重的接待和丰厚的供养。玄奘在高昌说法,让高昌王十分尊崇,所以高昌王想强行挽留他。结果玄奘绝食三日,以示拒绝。高昌王无奈妥协,转而与玄奘结拜为兄弟,其母与玄奘结拜为母子,并剃度了四个僧人作为玄奘的随从,提供了全部的西行装备。此外,遣殿中侍御史欢信护送玄奘至突厥,又修书给西突厥叶护可汗及其控制的中亚二十四国,希望他们能为玄奘西行求法提供方便。这段经历后来被改编进了《西游记》。

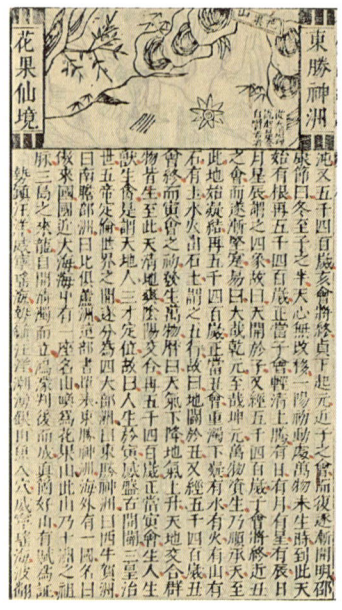

明代《新刻增补批评全像西游记》书影

在经历了磨难与考验后,玄奘终于在贞观五年(631)抵达了印度佛教的中心那烂陀寺,拜戒贤法师为师。戒贤法师号称通达一切内外经论,高龄一百零六岁,是当时那烂陀寺中最博学的人。玄奘在那烂陀寺留学五年,之后又周游印度,参学巡礼。玄奘本人学识渊博又善于说理,途经各地,一有机会就为当地人讲解佛经中的疑难之处,也学习各地独到的佛法理解,赢得了沿途人民的尊敬。玄奘在印度期间还多次参加佛教辩论,因为他精通大小乘各宗,又兼研佛教以外各教、各派教义,说理条分缕析,所以在印度赢得了很高的威望。

玄奘后来将这17年离乡求法的经历,以及所经各国的风俗习惯、土地物产汇编为一书,起名《西域记》,后人称为《大唐西域记》,这为我们了解唐朝中西交流的情况留下了宝贵的资料,同时也成为了《西游记》的原型。

归国译经

贞观十九年(645),玄奘回到了阔别多年的长安,受到唐太宗接见。太宗与他相谈甚欢,决定对他重新翻译佛经的计划给予大力支持。于是,唐太宗下诏将长安弘福寺交给玄奘用来译经,同时让右仆射房玄龄、太子左庶子许敬宗以及博学的僧人五十余名一起来帮忙。玄奘一共带回了六百五十七部用梵文(古印度语)所写的佛经,还有佛舍利、佛像,这些都成了唐代佛教的宝贵财富。

除了唐太宗对玄奘礼敬有加外,当时还是太子的唐高宗也非常尊敬玄奘。太子在为其母长孙皇后祈福时,建造了慈恩寺和翻经院,延请玄奘等入住,继续他们的翻经事业。高宗登基后,显庆元年(656),又令左仆射于志宁、侍中许敬宗、中书令来济、李义府、杜正伦、黄门侍郎薛元超等,共同为玄奘翻译完的经书润色,让国子博士范义硕、太子洗马郭瑜、弘文馆学士高若思等,帮助玄奘翻译。至此,玄奘一共翻完了七十五部经书,交给高宗。

随之,玄奘声名鹊起,很多人争相前来拜访,让玄奘不胜其扰。

为了能安静地翻译经书,玄奘请求为他找一个僻静的地方,高宗于是将他转移到宜君山的玉华宫。

唐高宗麟德元年(664),玄奘自觉将不久于人世,于是不再译经,对徒众预嘱后事。正月初九日,玄奘病势加重,至二月五日夜半圆寂,归葬白鹿原,朝野数万人送葬。

隋唐的宏大气象正在于对自身文化的自信,以及对异种文化的包容。太宗、高宗两朝对玄奘译经的支持,正是这种宏大气象的表现。而这种包容的前提又是存在玄奘这样志向坚定、不畏艰险的文化沟通者。凡成大事者必有大毅力,有大毅力者必有大志向。玄奘在幼年时立下志向,以极大的毅力,终身践行,不仅对中国佛教发展做出了贡献,更为中外文化交流开启了新的篇章。

唐代鎏金双鸳团花纹大银盆(局部)　文物现藏于法门寺博物馆

开元盛世

唐代诗人白居易写过一首著名的长篇叙事诗《长恨歌》，诗中，白居易结合史实与传说，讲述了唐玄宗李隆基与贵妃杨玉环婉转凄美的爱情故事，千百年来感染了许多读者。诗中描述的玄宗皇帝似乎只是一个多情悲戚的男子。那么，历史上的玄宗李隆基到底是怎样一位皇帝呢？

李隆基是武则天的孙子，睿宗李旦的第三个儿子。他出生在东都洛阳，出生时李旦还是皇帝。五岁时，武则天废李旦自立为帝，后来又秘密杀掉李隆基的母亲，李隆基也被幽禁在宫中七年，十四岁时才解禁。史书记载李隆基"性英断多艺，尤知音律，善八分书。仪范伟丽，有非常之表"，性格英明决断，对音乐很了解，擅长书法，且容貌伟岸俊丽。

开　元

武则天去世后，李旦的哥哥，也就是李旦之前的皇帝中宗李显又被迎回宫中，重新做回皇帝。李显之前是在刚做皇帝不久后就被武则天废为庐陵王，软禁在均州（今湖北丹江口）和房州（今湖北房县）的，软禁期间，身边只有韦妃陪伴，因此李显对韦氏有很深的

唐代鎏金舞马衔杯纹银壶

出土于西安何家村窖藏。据记载,每年唐玄宗生日时,舞马都会为玄宗跳舞祝寿,衔杯献酒。文物现藏于陕西历史博物馆。

感情。李显复位后,马上立韦氏为皇后,并且让韦氏参与朝政;又将自己与韦后的女儿安乐公主嫁给武则天侄子武三思之子武崇训。此外,封武则天宠信的女官上官婉儿为昭容,让她专掌制命(文书),负责起草诏令。韦皇后权力欲望极强,野心勃勃想要成为第二个武则天;安乐公主骄纵跋扈;上官婉儿自武则天时就有"巾帼宰相"之名,被封为昭容后与韦皇后、安乐公主集团交往频繁,而武三思又与韦氏有姻亲关系。由此,韦后、安乐公主、上官婉儿、武三思等结成了一股强大的政治势力,朝政大权慢慢落到了他们手里。

景龙四年(710),中宗李显被韦后与安乐公主下毒谋杀。韦氏扶持李显的第四个儿子太子李重茂登基,改元"唐隆",自己以皇太后的身份临朝称制,并且将宫廷禁卫军交给韦家子弟统领,想要效仿婆婆武则天,做第二个女皇帝。同年,李隆基与姑姑(武则天的女儿)太平公主经过秘密谋划,除掉了韦氏、安乐公主和他们的政治集团以及血缘亲贵,又废掉李重茂,迎回睿宗李旦。李旦因为李隆基除韦后有功,立他为太子。

诛杀韦氏集团后,太平公主自恃拥立睿宗有功,经常干预政事,又忌惮李隆基,"欲更择暗弱者立之,以久其权",想要废掉李隆基的太子位,另外选择一位软弱的人做太子,以便自己长期掌握大权。当时多次有流言传出,"太子非长,不当立"。说李隆基不是长子,不应该被立为太子。为此,李隆基"深不自安",难以安下心来。李隆基与太平公主之间的矛盾越来越大。景云三年(712),睿宗李旦不顾太平公主的反对,让帝位于太子李隆基,自称"太上皇",改元"先天"。先天二年(713),李隆基除掉太平公主党羽,又令太平公主自尽,自此成为名副其实的皇帝,改年号为"开元",以表明自己励精图治、再创唐朝伟业的决心。

开元元年,李隆基二十八岁。从先天元年(712)承帝位到天宝十五年(756)因安史之乱退位为太上皇,李隆基一共做了四十五年皇帝,是唐朝在位时间最长的君主。李隆基在位时一共用过三个年号,分别为"先天""开元"和"天宝"。"先天"即我们前面提到的睿宗成为太上皇那年的年号,到开元年间(712—741),唐朝经过前几任皇帝的经营,再加上李隆基励精图治,进入了全盛时期,史称"开元盛世"。对此,杜甫有诗说:"忆昔开元全盛日,小邑犹藏万家室。稻米流脂粟米白,公私仓廪俱丰实。"从百姓的日常生活方面给予了肯定。

好贤纳谏

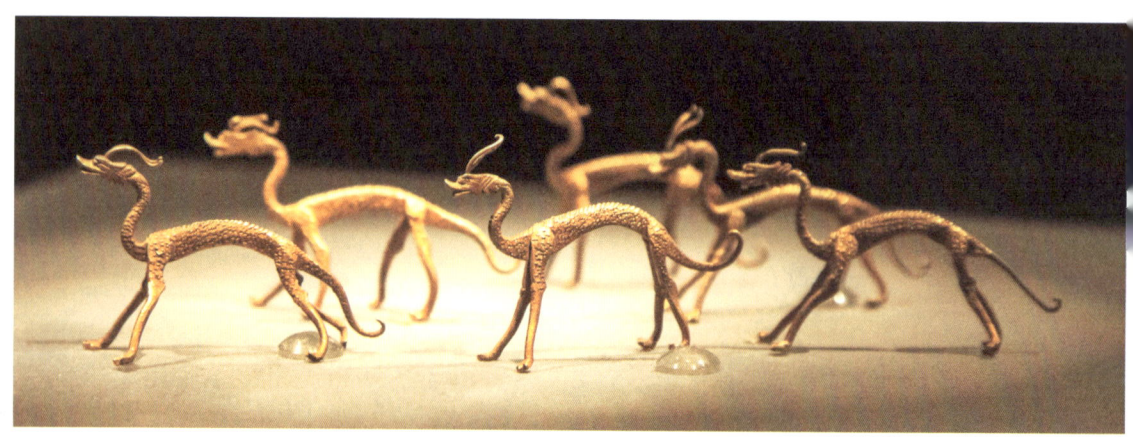

赤金走龙　文物现藏于陕西历史博物馆

李隆基即位之初,处处以曾祖父唐太宗李世民为榜样,勤于政事、好贤纳谏。在除韦后、诛太平公主等政治事件中,李隆基集团里也涌现出许多在政治、经济上治理能力非常优秀,可以作为后期统治机构中的骨干人才的人。《资治通鉴》记载,李隆基统治时期,姚崇和宋璟相继任宰相,两人任职期间都推行轻徭薄赋,减轻刑罚,百姓生活富足。开元初年,姚崇向李隆基提出,包括"为政先仁义""不求边功""中官(即宦官)不预公事""国亲不任台省官""行法治""租庸赋税之外杜塞贡献""寺庙宫殿止绝建造""礼接大臣"等在内的"十事",针对当时存在的问题,从稳定政局、整顿吏治、抑制权贵、改善财政等多方面总结了历史教训,提出治政仁义、防止外戚宦官干政、杜绝奢侈浪费等施政纲领,得到了李隆基的支持。姚崇退隐时,向李隆基推荐宋璟为相,宋璟提出"虽资高考深,非才者不取"的准则,提出选拔官员要不论资荫、考绩,最重要是选拔有才能的人。此外,为了杜绝武则天与韦后当权时期肆意嫁祸他人现象,防止奸佞小人私下向皇帝进谗言陷害忠良,宋璟还提出,百官奏事时,必定要有谏官、史官在旁。如此,朝廷用人唯亲的陋习改变不少,奸佞诬陷好人的情况也减少了,开元初期的政局相对以往清明了很多。唐代诗人元稹在《连昌宫词》中也说:"姚崇宋璟作相公,劝谏上皇(玄宗李隆基)言语切。燮理阴阳禾黍丰,调和中外无兵戎。长官清平太守好,拣选皆言由相公(指姚崇宋璟)。"姚崇和宋璟与唐前期的房玄龄、杜如晦一起,并称为"唐朝四大贤相"。当然,这与李隆基励精图治、好贤纳谏的统治性格也是分不开的。

整治吏治

李隆基不仅好贤纳谏,还对吏治进行了整治。第一,精简机构,裁减冗官。武则天时期,由于大量选拔自己需要的人以巩固政治势力,造成官吏冗余,有"车载""斗量"的说法流传,而且"诸色入流,年以千计",官吏原本就多,每年还不停增加,官僚机构膨胀严重。中宗李显复辟以后,安乐公主、上官婉儿纳钱卖官,通过走关系,不经过考试而直接做官,官员除正员(正式编制)以外,编外官员成千上万。李隆基将自武则天以来录取的无用官员一律裁撤,不仅纠正了官吏冗滥现象,也节省了政府开支。第二,确立了严格的考核制度,加强了对地方官的管理。把全国分为十五道("道"是比省略大一些的行政区划),各个州都设置朝廷命官为采访使,监

唐玄宗书石台孝经碑(局部)　原件现藏于西安碑林博物馆

督地方州县长吏工作,考核地方政绩。此外,李隆基还选择有才识的京官出任地方长官,地方官中做出政绩的人调任京师,加强了中央与地方的联系。李隆基知人善任、赏罚分明,办事干练果断,这些都是他能开创开元盛世的原因。

开元盛世

唐朝国姓为"李",自诩老子李耳之后,因此崇尚道教。武则天在位时,为了打击皇姓李氏而扬佛抑道,使得佛教迅速发展进而造成僧侣和佛寺过多。僧侣兼并土地、荫庇人口、逃避赋税,这在人口本来就不多,又以农业为本的古代社会,是十分不利于发展生产的。开元二年(714),李隆基下令削减全国僧人数量,令僧人还俗,且禁止再造寺庙和佛像,这对于恢复生产、增加纳税人口有积极作用。开元九年(721),又任命宇文融制定检括法,依据户口簿籍检括逃亡的农民,使在籍户口数短期内得到较大增长。户口的极大增加,也从侧面说明了当时生产力的发展。

传唐周昉绘《麟趾图》卷(局部) "麟趾"指宗室子弟,图中描绘后妃与宗室孩童的生活场景,原件现藏于台北故宫博物院

募兵制

唐前期实行府兵制,而府兵制是建立在均田制基础上的,府兵平时在政府分的土地上耕种务农,战时和值守时去当兵,武器、衣物自备。开元时期虽然是唐朝的全盛时期,但均田制到这时已经遭到了极大破坏,在均田制基础上发展起来的府兵制比均田制更为敏感,均田既然已经授田不足,府兵自然没有办法以优良的装备

和旺盛的士气出现在疆场,由此府兵壮丁几乎逃亡殆尽。开元十一年(723),李隆基采纳宰相张说的建议,实行募兵制,从关内招募军士十二万以解决京师宿卫问题。这种军士是职业军人,这是唐朝第一次以募兵制招兵,而这次改革也是府兵制向募兵制(雇佣兵制)转变的开始。

从唐太宗到高宗、武则天时期,唐朝对边境的军事政策由进取逐渐转为战略防御,这就需要大量军队常年驻扎在边境上。为了抵御边境各非汉民族的袭扰、加强边境的武装防御力量,同时也为了缓解临时征调军队去边境的困难,唐代逐步在各边域屯戍有固定驻地和较充足兵力的军、镇、守捉(相当于现在的军区,不过面积较小),并各设置负责管理军队的"使",由此,常驻和专任的节度使出现。开元、天宝年间,北方形成了平卢、范阳、河东、朔方、陇右、河西、安西四镇、北庭伊西八个节度使区,加上剑南、岭南,共为"十镇",这十镇是最初的固定军区。节度使集军、民、财三政于一身,又常一人身统数镇,权力和威望日益加重。

府兵制到募兵制的转型、节度使的发展和专权,都为唐玄宗李隆基统治后期出现的安史之乱及唐后期的衰亡埋下了伏笔。

总之,年少时的李隆基不啻(chì)为一位满腔抱负的热血少年;青年为政时,也是励精图治的开明君主。至于在他统治下出现的"开元盛世",一方面是李隆基的功劳,但更多是因为"站在巨人的肩膀上",是经前几代皇帝辛苦经营、厚积薄发而形成的。李隆基统治后期,均田制崩溃导致军事制度转变,节度使走向专权,也是历史发展的必然,暗示着这些制度与时代的发展已经不相适应,需要当时的统治者另寻新制度代替。

诗仙诗圣

开放包容的大唐孕育出了繁荣丰富的大唐文明,在唐代多姿多彩的文化中,唐诗是一朵浪漫又现实的奇葩。清代乾隆年间编成的《全唐诗》收录唐诗四万八千九百余首,涉及作者两千二百余位。可以说,唐代是我国诗歌发展的黄金时代。

唐诗有清新闲适的山水田园诗,有天马行空的浪漫诗,有忧国忧民的现实主义诗,还有豪迈悲怆的边塞诗。当时,文人吟诗,平民写诗,是一个真正的诗歌盛世。

唐代诗人中要说最有名、最耳熟能详的,首推"诗仙"李白和"诗圣"杜甫。李白是盛唐时期豪放派浪漫诗人大家,杜甫是现实主义诗人的代表。以下,我们就以李白和杜甫为例,讲讲唐代的诗歌。

诗仙李白

《新唐书》记载李白说:"字太白,兴圣皇帝九世孙。""兴圣皇帝"是十六国之一西凉的开国国君李暠(hào),是唐朝皇室认定的先祖。李白自称兴圣皇帝的九世孙,与李唐皇室同宗,出身于当时的世家大族陇西李氏,以表明身份的高贵。

李白曾生活在唐代巴西郡(今四川绵阳东)青莲乡,因此取号

"青莲居士"。《新唐书》记李白"州举有道,不应",李白文采斐然,州里要举荐他当官,他没有应召,反而出门周游名山大川,结识了不少文人墨客。开元年间,李白相继向唐玄宗李隆基献《明堂赋》《大猎赋》,但不知道诗文有没有到达唐玄宗手里,总之没有下文。天宝元年(742),李白来到都城长安,宰相贺知章看到李白的诗文后很是惊叹,称赞他为"谪仙人也",觉得李白是降落凡间的仙人,于是将李白举荐给唐玄宗。李白进宫朝见时,玄宗问到时政,李白根据长期的社会观察,对答如流,玄宗大为赞赏,随即令李白供奉翰林,职务是陪侍皇帝左右、为皇帝写诗娱乐。这时候李白已经四十二岁了。

《新唐书》还记载李白"其先隋末以罪徙西域",具体什么罪,不得而知。"州举有道"李白"不应",也未必真有其事。李白时代的文人是可以通过科举考试进入仕途的,但李白因为祖辈中有人犯法,所以不能通过这种途径为官。为玄宗献《明堂赋》和《大猎赋》,应该是为了谋求仕途。总之,李白最终依靠文才走入仕途,开始供

《饮中八仙图》卷(局部) 相传为元代任仁发据杜甫《饮中八仙歌》绘。原件现藏于台北故宫博物院。

奉翰林。

天宝三载(744),李白来到东都洛阳,在这里遇到了杜甫。此时的李白已经是名扬全国的"诗仙"了,而杜甫还是不出名的三十岁出头的文学青年。

诗圣杜甫

杜甫比李白小十一岁。《旧唐书》记载:"杜甫字子美,本襄阳人,后徙河南巩县。曾祖依艺,位终巩令。祖审言,位终膳部员外郎,自有传。父闲,终奉天令。"杜甫祖籍襄阳(今湖北襄阳),因为曾祖父杜依艺任巩县令,全家搬到河南巩县。杜甫的祖父和父亲都是朝廷官员,他出生于有名望的杜氏家族,青少年时期家庭环境优越,生活富足。

《旧唐书》又记载:"甫天宝初应进士不第。天宝末,献《三大礼赋》,玄宗奇之,召试文章,授京兆府兵曹参军。"杜甫在少年时代也参加过科举考试,然而落第没考上。科举之路行不通,转而行走于权贵之间,奔走献诗赋,想通过这种方式被举荐入朝为官,但都没有结果。直到唐玄宗天宝末年,杜甫向唐玄宗献上诗文,玄宗欣赏他的文采,授予了他长安兵曹参军的官职。

李白和杜甫那么有文采,为什么要千方百计向皇帝献诗求官呢?

唐代,选拔人才的科举考试制度逐渐完善,科举成为选拔人才的主要手段,寒门、士族都可以通过它进入仕途。在考试内容上,唐代科举开始考诗歌,考试时出诗歌的题目和字数让考生按要求作诗,类似于现在的命题作文。诗歌成了选拔人才的科考的内容,这是唐代诗歌繁荣的很重要一个原因。所以,也许并不是李白和

杜甫　赵泰绘

杜甫那么有文采,反而要献诗求官,而要倒过来看,是因为李白和杜甫想要献诗求官,这个动力激发了他们的文采。

总之,天宝三载,"诗仙"李白与未来的"诗圣"杜甫在洛阳相遇,"自称臣是酒中仙"的李白与"性豪也嗜酒""结交皆苍老"的杜甫一见如故,文人相惜,立马成了知心好友。此后的两年中,两人共见了三次面,也是两位伟大诗人仅有的三次会面,但杜甫已经写下了"醉眠秋共被,携手日同行"的诗句,两个人喝醉后,在秋天会躺床上盖一床被子,天亮后醒来继续携手同行,俨然见到至交的样子。

安史之乱爆发后,李白因为政治原因被朝廷判罪,长期流放夜郎(今贵州桐梓县),被赦免

清苏六朋绘《太白醉酒图》
原件现藏于上海博物馆

后,于上元三年(762)回到宣城后病故。杜甫北上投奔唐肃宗,先被重用,而后又遭弃用,十分烦恼苦闷。在安史之乱中,杜甫见到了战乱给老百姓带来的无穷无尽的苦难,"满目生悲事",写出了许多不朽的史诗,如"三吏""三别",哀叹民间疾苦。此后,杜甫颠沛

流离,一直过着贫苦的生活,其间写出许多流传至今的名篇,最终于大历五年(770)去世。

李白的诗以山河自然为基础,抒发内心浓烈的情感。"笔落惊风雨,诗成泣鬼神"(杜甫《寄李十二白二十韵》),雄奇洒脱,奔放俊逸,富有强烈的浪漫主义精神。杜甫"穷年忧黎元""济时肯杀身",一年到头都在忧虑黎民百姓的生活,愿意献出自己的生命来匡时救世。这些思想再加上当时的社会现实,奠定了杜甫诗歌思想的基础,使杜甫成为了我国历史上最伟大的现实主义诗人。杜诗兼具多种风格,"语不惊人死不休",有人评价其同时具有传统的仁政精神、司马迁著《史记》的实录精神和人道主义精神。唐代文学家韩愈并论李白杜甫为"李杜文章在,光焰万丈长"。

作为大一统王朝的唐代,壮美的自然山水给了诗人无穷无尽的书写素材,开放、丰富、繁荣的文化赋予诗人源源不断的创作灵感。安史之乱以后的社会现实,又使得诗人们站在了更广阔的高度思考政治和生活。

总之,唐代的科举制度、丰富的自然山水、高度繁荣的文化、安史之乱后与前段迥然有异的社会现实,既创造了唐代诗歌繁荣的制度条件,又给了诗人诗歌创作的多样灵感源泉。这些条件造就了我国诗歌发展的巅峰,唐诗因其重要的文学价值、历史价值与社会价值也成为了宝贵的财富。

国际都市

李白有一首诗:

少年行·其二
五陵少年金市东,银鞍白马度春风。
落花踏尽游何处,笑入胡姬酒肆中。

描述了一群富贵少年游春赏花后,到胡姬的酒肆中饮酒寻乐的场景。诗里提到的"金市",就是唐长安城的西市。唐长安城内有两个市,一个是西市,一个是东市。东市和西市是长安城的两大商业中心,我们现在说"买东西","东西"一词就来源于东市和西市。

了解东市和西市之前,我们先简单地了解一下唐长安城的布局。

唐长安城

唐长安城是在隋代大兴城的基础上扩建而成的,是唐朝首都,也是当时世界上最大、最繁华的国际都市。长安城由外郭城、皇城、宫城与禁苑组成,全城以正中的南北向大街朱雀大街为中轴

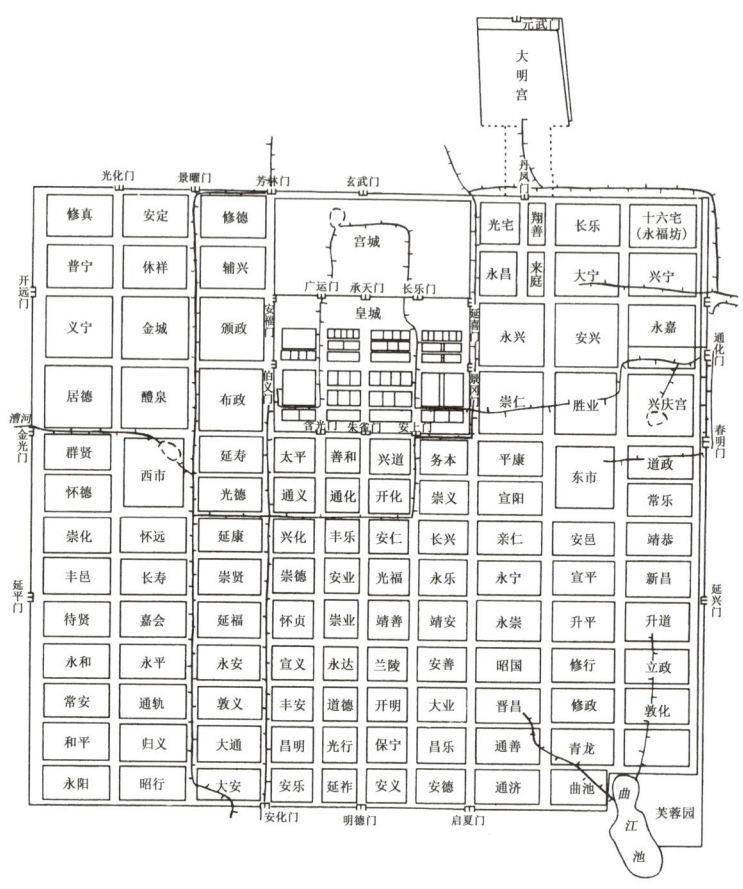

唐长安城布局图

线,东西对称排列着面积和数目相等的坊,各坊以街道分隔开,"百千家似围棋局,十二街如种菜畦"(白居易《登观音台望城》),布局齐整。

宫城与禁苑是皇家居住的地方;皇城是朝廷办公的地点,跟现在的中央办公区类似;而长安城内的官吏和普通民众,均居住在外郭城。"皇城之南,东西十坊,南北九坊;皇城之东西各十二坊;两市居四坊之地,凡一百十坊"(《唐六典》),外郭城被长安城内南北向的十一条街与东西向的十四条街纵横交错分隔成网格状,每个网格即为一坊,共分为了一百一十坊(皇家禁苑芙蓉园占了两坊之地,因此实为一百零八坊),坊内居住着长安城民众。

长安城内的各坊,根据所处位置不同,居住的人群亦有所区别。临近宫城和皇城的各坊,尤其是东边的坊,因为与大明宫相邻,居住者大多为达官贵人;西边及以南各坊,为平民百姓居住区。东市和西市分别位于皇城的东南和西南,各占两坊之地。东市靠近达官贵人居住区,西市位于平民百姓居住区。

东市与西市

先说说东市。东市位于皇城东南,地方的驻京机构、国子监都在附近,赶考的考生也在附近驻扎和活动,因此,东市的客源更多是达官显贵。北宋时期宋敏求所著《长安志》记载唐长安城东市的场景:"市内货财二百二十行,四面立邸,四方珍奇,皆所积集。"东市售卖的货物涉及二百二十行,市内四面都建有旅店,四面八方的珍奇货物都聚集在东市内供售卖。生产和出售同类货物的店铺分别集中排列在同一区域,叫作"行";堆放商品货物的客栈称为"邸",邸既为商人存放货物,又替他们代办大宗货物的批发交易。东市的商品不仅分门别类,多达二百二十行,各行业的经营更是规模宏大,出售的东西也多是贵重的珍奇异宝。

再重点说说西市。西市位于皇城西南,与东市一样,也设二百二十行,商铺林立,汇聚各地商品。由于西市位于平民居住区域内,社会地位较低的商贾也居住在此处,西域与中亚、新罗、日本等外国客商又汇聚于周围,这就使得西市的商贸活动在数量和丰富程度上均远超东市,西市因此成为长安城的主要商业区和经济活动中心,当时号称"金市"。西市是长安市民的娱乐场所,集中了长安城内最好的百戏、歌舞、演奏等团体;市内餐饮密集,茶馆、酒肆常年吸引着各地贵族官僚和世族公子;外国客商也在西市开设店铺,贩卖异域珠宝、药品和香料等货物;能歌善舞的胡姬也住在西市,李白的诗"胡姬貌如花,当垆笑春风"、五陵少年"笑入胡姬酒肆中",即描述了胡姬卖酒和富贵子弟出入西市内有胡姬的酒肆的情景。

三彩釉陶骆驼载乐俑　唐长安城的西市聚集了大量外来商人,也集中了百戏、歌舞、演奏等团体,热闹而富有烟火气。文物现藏于中国国家博物馆。

再来看看东西市的管理。

唐代实行坊市制度，中期以前，政府不允许在市以外的地方开设商铺作坊，因此东市和西市一直是唐代比较集中的商业区。两市与里坊一样，实行夜禁制度，每晚夜幕低垂后，市四周的坊门关闭，禁止出入，第二天黎明再打开。并且，中央为了管理商业秩序，在两市设立了市署、平准署、常平仓等机构。

市署"掌财货交易、度量器物，辨其真伪轻重"，是朝廷在两市设立的市场管理机构，负责市场内的财货交易和货物度量，辨别商品的真伪，确定实际长度、重量。

平准署是主要负责平定物价的机构，根据货物的买卖情况调整价格，保证价格与消费相协调，推动商业活动的进展顺利和繁荣。

常平仓是设立在市场上用来调节粮食价格的粮库。朝廷在常平仓储备足量的粮食和食盐等，市场上粮食和食盐少的时候让常平仓内的储备流入市场，市场上多的时候则购入并储备入常平仓内，如此以平准粮价、盐价。

总之，东市和西市是唐长安城内由政府规划建造和管理的固定商业区，它们的存在不仅体现出了长安在经济上的繁荣，更说明了唐代长安是一座包容而开放的国际性大都市，展现了唐代文化的繁荣。

遣唐使节

唐招提寺是日本奈良的著名寺院,寺院的金堂内供奉着唐代僧人鉴真的坐像,寺内御影堂旁边还有鉴真墓。日本的招提寺为什么供奉着中国僧人的坐像,安葬着中国僧人呢?

鉴真出生于今天的扬州,出家后广览群书、遍访高僧,屡从名师受教。除佛经外,在建筑、绘画和医学方面,都具有相当的造诣。唐玄宗时,鉴真任扬州大明寺住持,被当时的人赞誉为"江淮之间,独为化主",是长江和淮河之间首屈一指的教化之主。

这一时期的日本正处于奈良时代(710—794),即定都在平城京(今日本奈良)的时代。早在奈良时代之前,日本就与我国有过很多经济文化交流,彼此之间也遣使通好。到了奈良时代,日本经济得到较大发展,向强盛的邻国唐朝学习的心情更为迫切。为全面而系统地输入大唐的先进文化,日本向唐朝派出了多批次遣唐使。

遣唐史

日本派出的遣唐使团主要由三部分构成:一是官员,从通晓经史、擅长文墨和熟悉唐代社会文化的人中挑选出来,负责与唐朝的外交和遣唐使代表团的日常事务。这部分人需经过严格的选拔,除了要对汉文有较深造诣,博通中国文化和礼仪,具有优秀的外交才能外,还需要有优雅的言行和温雅的仪容。二是同样经过严格选拔的留学生和学问僧,学问僧除了学习文化艺术、医学科技外,还要学习唐代的佛法。他们搭乘使团的船舶,去唐朝留学、取经。三是医生、翻译、阴阳师及杂使、卫士和水手等,负责遣唐使团的日常运行。

奈良东大寺的仿唐风格木构建筑

遣唐使到唐朝的道路分为北线和南线两条水路。北线从今天的日本大阪出发,经过对马岛到济州岛,然后到达仁川附近,再经过黄海和渤海,在山东半岛登陆,到达大唐国土;南线也从大阪出发,直接横渡东海到达长江口,或到明州(今浙江宁波)、越州(今浙江绍兴)、台州、温州。前期的遣唐使一般由北路航行,后期的遣唐使多从南路航行。北线较为安全,是八世纪之前遣唐使走的道路,后来因为日本与朝鲜半岛的新罗关系紧张,701年后,遣唐使团改走南线。南线需要横渡东海,在当时造船和航海技术不高,又没有掌握海洋气象知识的条件下,是非常艰险的。遣唐使经南线渡海时经常遭遇风暴,船破人亡,或漂流到南方岛屿上被岛人杀害。

留学生到达大唐国土后,会向唐朝政府呈送日本政府的礼物,主要是金银丝绵等物。对于外国来的留学生和学问僧,唐朝会给予非常周到的照顾,以便他们专心学习。留学生在中国停留的时间一般会较长,他们学习唐代的文化和技术,介绍回日本。由于当时的日本社会发展远不及唐朝,唐朝的这种文化输出对日本发展起了很大的促进作用。

鉴真东渡

唐玄宗开元二十一年(733),学问僧荣睿、普照跟随遣唐使来到唐朝留学。他们受日本政府的委托,邀请德高望重的大唐高僧去日本弘扬佛法。天宝元年(742),荣睿、普照来到扬州大明寺,听到鉴真讲经后极受感动,当即恳请他前往日本,鉴真本着弘扬佛法的决心,决定前往日本。

前往日本的航程十分艰难凶险,鉴真一行同日本使团在经过五次尝试、五次失败后,最终在第六次东渡时到达日本,这时已经是玄宗的天宝十三载(754)了,鉴真本人也因路途艰险而失明了。

到达日本后,日本天皇授予鉴真"大僧都"的职务,统领日本所有僧侣,创立正规的戒律制度,鉴真成为日本传授戒律的始祖。

东渡时,鉴真还随身携带了王羲之、王献之的行书真迹及其他书法作品,鉴真本人及其弟子在书法方面也有很深的造诣,这些对日本书道的形成起了极大的促进作用。今天唐招提寺南大门上方悬挂的匾额"唐招提寺"四个大字,就是奈良时代孝谦天皇根据鉴真带来的王羲之书法,模仿书写而成的。

除佛法、建筑、书法外,鉴真本人还通晓艺术,深谙汉方医药。到达日本后,鉴真大力传播张仲景的《伤寒杂病论》知识,著有医书,被誉为"日本汉方医药之祖"。

鉴真以大唐高僧的身份东渡日本,不仅弘扬了成体系的佛法,在书法、建筑及医药等方面也促进了唐代文化的输出,是对日本有着极其深远影响的一位大家,在日本至今仍被尊称为"鉴真大和上",显示出在日本文化史中的崇高地位。

贡　献

李唐一代,日本共向唐朝派遣了十九次(含未成行)遣唐使。这些来自日本的留学生和学问僧在留学唐朝的漫长时间中,充分学习优秀的制度文化和先进技术,返回日本后,将唐代的制度、天文历法、音乐美术、建筑雕刻和生产技术传播回去。其中值得一提的有学问僧空海、留学生吉备真备以及奈良时期的奈良城。

空海是参学唐朝的日本僧人,对日本密宗的发展影响巨大。另外,空海还根据汉字草书的偏旁,创造了"平假名"。吉备真备是奈良时代的政治家,两次出任遣唐使,对日本的礼仪、礼法和音乐发展有较大影响。此外,吉备真备还借用汉字楷书的偏旁,创造了

王羲之行书《兰亭序》卷(局部,传为唐褚遂良摹本)

"片假名"。"平假名"与"片假名"就是现在日文的字母。在平假名与片假名创立之前,日本使用的是从中国引入的汉字,假名出现后,日本得以形成自己的文字,并一直沿用到了今天。

公元709年,日本建设奈良城。奈良城的设计完全仿照大唐都城长安的布局。现在的奈良市保留有许多古代木结构建筑,一方面体现了日本的民族风格,另一方面也保存和反映了卓越的唐代建筑艺术。

井真成墓志拓片　井真成是第九批日本遣唐使团中的一员,与他一同前往大唐的,还有著名的阿倍仲麻吕、吉备真备等。文物现藏于西北大学博物馆。

总之,通过鉴真的东渡传学,和遣唐使们数百年的学习吸收,唐朝文化对当时日本社会的政治制度、经济、宗教、医学、文学等各个方面都产生了重大而深远的影响。直至今天,日本文化中还深深地蕴藏着唐文化的诸多元素。

安史之乱

谈起唐代女性,除了女皇武则天,我们熟悉的还有贵妃杨玉环。说到杨玉环,则让人不免想起唐玄宗,想起杜牧的"一骑红尘妃子笑,无人知是荔枝来",还会想起白居易的《长恨歌》。《长恨歌》作为长篇叙事诗,前半段意韵绵长,后半段宛转起伏,诗前后段的分界,是"渔阳鼙(pí)鼓动地来,惊破霓裳羽衣曲"一句。"渔阳鼙鼓动地来"指的是历史上的"安史之乱"。为什么安史之乱会"惊破霓裳羽衣曲"呢?本篇,我们就来了解一下安史之乱。

"安史",指安禄山和史思明。安姓与史姓都属于历史上的"昭武九姓"。昭武九姓是隋唐时期对从中亚粟特地区(今天的中亚阿姆河、锡尔河流域,即哈萨克斯坦西南部地区和乌兹别克斯坦一带)来到中原的粟特人及其后裔的泛称,这些人以国为姓,以善于经商著称。"九姓"包括安、史、康、曹、石、米、何、火寻、戊地。大唐在兴盛时是世界性的大帝国,与各国的交通、商业和文化交流十分频繁,中亚商人来唐经商的也很多。当时唐朝疆域西边的龟兹(qiū cí,今新疆库车)、高昌(今新疆吐鲁番东南),河西走廊的敦煌、武威,关中的长安,关东的洛阳,河东的太原,东南的扬州,东北的柳城(今辽宁朝阳),都有他们的足迹。他们寓居于这些地方,然后成家立业、娶妻生子。

安禄山起兵

安禄山父亲是康国(今乌兹别克斯坦一带)人,本姓"康",后随突厥出身的母亲改嫁至安国而冒姓"安"。安禄山小名"轧荦山",突厥语中是战斗神的意思。安禄山小时候从康国迁到柳城,并定居了下来。

元钱选绘《杨贵妃上马图》(局部)　原件现藏于美国弗利尔美术馆

柳城在今天的辽宁朝阳,在唐代属于河北道。唐代的河北道,从经济上说,从北朝开始,一直是"国之资储,唯藉河北"——国家钱粮所出的富裕之地,到了唐朝,其财政收入在唐政府总税收中所占的比例也很可观。从文化上说,营州柳城所在的河北道在唐代属于河朔地区,河朔地区是众多胡人杂居、胡化深而汉化浅的地方,崇尚武功而不重视文化教育,"河北之人,人多壮勇"。从军事上说,河北道是边防重镇,因此长年驻扎的军人数量众多,自节度使制度建立以来,这个地区的节度使领兵数量多,且集军事、民政、财政等各种大权于一身。

安禄山作为胡人,是怎样成长为领导安史之乱的叛将的呢?

由于成长在胡人聚居的柳城,安禄山在年轻时与史国侨民史思明就都通晓"九蕃语",即多种胡人的语言,因此,他们都是当时的"蕃市牙郎",也就是边境互市贸易中促进汉人与粟特人进行交易的中间人。等到幽州节度使张守珪治理河北道内的奚人、契丹人动乱时,安禄山和史思明被任命为侦察兵,安禄山熟悉奚人、契丹人所在地区的地理形势,每次出去侦查都立下功劳,于是很快得到了提拔。到了天宝元年(742),已经被任命为平卢节度使(镇守柳城)了。同时,李林甫取代张九龄任宰相期间,建议重用"善战有勇"的蕃将(少数民族将领),于是,安禄山又一路平步青云,自天宝三载(744)以来,兼任了范阳节度使、平卢节度使、河东节度使,河北、河东采访处置使,又兼领闲厩、陇右群牧等使,兼群牧总监(管理畜牧)。范阳、平卢、河东三镇的兵力达十八万三千九百人,加上其他地区的兼职,安禄山不仅掌握了西自今山西忻州和雁门地区,东至今河北卢龙和辽宁朝阳这一广大区域的军事、民政和财政大权,而且国家的马匹也都归他调度了。

到天宝十四载(755),安禄山管理范阳、平卢两镇已有十余年。他本就骁勇善战,再加上头脑灵活、性格机敏,与朝廷官员交往左右逢迎,得到了包括皇帝唐玄宗、贵妃杨玉环在内的高层当权者的宠幸;对部下"躬亲抚慰",生活上给予优厚待遇,所以部下忠心,"莫不乐输死节",誓死效忠于他。同时,挑选骁勇善战的人和蕃将统领军队,完善自己的战略集团,又铸钱、做生意赚钱,充实了经济力量。

天宝十四载十一月九日,安禄山以讨伐杨玉环族兄宰相杨国忠（"清君侧"）的名义，从范阳（今北京地区）举兵十五万西下，大军迈向洛阳和长安。普通民众在和平的环境里生活久了，根本不知打仗是怎么回事，而且唐王朝的府兵制业已崩溃，募兵都是临时招募而来，几乎没有战斗能力，加上战略战术错误，叛军一路过河北西行，相继攻下了开封、荥阳、洛阳、潼关，唐军主力全军覆没。

马嵬驿兵变

唐代鎏金铜坐龙　出土于史思明墓，从龙的神情、体态以及整体风格，可以管窥安、史集团的喜好。文物现藏于首都博物馆。

天宝十五载（756）六月十日，杨国忠建议唐玄宗前往成都避难。十三日，玄宗率领一众皇亲国戚、宦官及宫人自长安西行前往成都。十四日，行至马嵬（wéi）驿（今陕西兴平西）时，护送皇帝一行的羽林军又累又饿,内心充满怨恨和愤怒,认为这场大乱都是奸相杨国忠一手造成的。群情激愤的士兵先杀掉杨国忠及杨贵妃的姐姐韩国夫人、秦国夫人,又迫使唐玄宗缢杀了杨贵妃。

六月二十三日,长安陷于安禄山之手。

平定叛乱

安禄山攻下洛阳后,就于至德元载(756)的元旦登位,自称大燕皇帝,改年号为圣武。从取得洛阳到攻陷长安期间,一方面,将帅"专以声色宝贿为事,无复西出之意",军队将帅满足于已有的胜利,不再有向西推进,打下更多地盘的想法;另一方面,叛军劫掠百姓,使得"民间骚然",百姓"益思唐室"。军队内部矛盾及与民众的矛盾,都在安禄山军队里发展起来。至德二载(757)正月,安禄山在洛阳被他一心想要夺取自己位置的儿子安庆绪所杀,安庆绪继位称帝。乾元二年(759),想要篡夺统治地位的史思明在邺城杀安庆绪,同年在范阳自称大燕皇帝。乾元三年(760),史思明又在洛阳被他的儿子史朝义所杀,史朝义继位称帝。宝应二年(763)正月,安史军队败亡,史朝义众叛亲离,走投无路,在范阳自缢而亡。

唐王朝方面,天宝十五载七月,避战乱过程中与玄宗分道北上的太子李亨在甘肃灵武登基做了皇帝,是为唐肃宗,遥尊在成都的玄宗为太上皇。继而各路忠臣相继率军东进,唐军又取得回纥汗国在军事上的支持,相继收复了长安、潼关、洛阳,安史部下又陆续投降唐朝,宝应二年(763),范阳守将降唐,安史之乱结束。

自天宝十四载十一月安禄山范阳起兵开始,至宝应二年正月史朝义兵败范阳,这场动乱前后历时七年之久。

安史之乱隐患

安史之乱给唐王朝造成了极大破坏,同时埋下了很大隐患。经济上,经过安史之乱,黄河中下游地区被破坏得很厉害,先是安史军队杀掠,唐朝军队反扑时争取了回纥的支持,回纥军入河南洛阳等地时,也没少烧杀抢掠,以至于人烟断绝、千里萧条。政治上和军事上,安史之乱虽然结束,但安、史的残余势力仍盘踞在河北地区,唐王朝已经没有实力根除残余,不得不选择暂时苟安——将河北分成成德、卢龙、魏博三镇,由安史旧将担任节度使,"分帅河北,自为党援",即"河朔三镇"。三镇坐拥强兵,不向朝廷缴纳赋税,又相互联姻,互为表里,且管理权世代传给子孙;三镇的兵听命于将,将握兵,或父死子继,或选择合适的人接替,天子不能干涉,只能姑息。唐后期,河朔藩镇愈加不听命于朝廷,唐末农民起义后,除河朔三镇外,其他藩镇势力也愈来愈大,渐不听命于朝廷。"向之所谓三镇者,徒能始祸而已",过去所说的三镇,也只是唐末祸乱的开始,唐王朝的分裂和结束,就从这里开始。

镂空缠枝纹银香囊　出土于西安何家村窖藏。文物现藏于陕西历史博物馆。

藩镇割据

唐朝自建立起至开元盛世，逐渐成为世界性的大帝国；唐后期，由于政治、经济衰微等多方面的原因，国运渐衰，至907年被朱温篡夺国祚（zuò）。朱温在唐朝担任过宣武军节度使一职，是宣武藩镇的军事长官。我们这里要讨论的"藩镇割据"包括两层含义：藩镇和割据。藩镇又分为一般藩镇与割据型藩镇，细论起来，熄灭大唐荣光的，应该是割据型藩镇。下面，我们就来了解一下藩镇和割据型藩镇。

藩 镇

"藩"是保卫的意思，"镇"指军镇，藩镇本意是指镇守在地方以保卫中央的地方军事机构。

唐初沿袭隋朝制度，地方上采用行政制度是类似于今天省市下的州、县两级制，在重要的州设置大总管或总管管理军事，相当于现在的军区司令。高祖李渊时，改大总管为"大都督"，改总管为"都督"。这些大都督和都督也只是管理数个州的军事，不问民政，即只有管理军事的权力，不涉及行政、司法、经济和民事。但是，为了加强对边防地区的管理，对于任职边防的都督，朝廷会给他们加上"使持节"的头衔,"使持节"的意思是可以直接代表皇帝行使权力,可专杀州太守(相当于现在的省长)以下级别的官吏。这样,都督加上使持节,除军事管理外,也涉及其他权力。此后,都督加使持节的权力原来越大,渐渐形成了"节度使"这一名称。

唐睿宗景云年间,"节度使"的名称正式确立。玄宗开元以后,边防任务加重,为了应对复杂的战争,唐玄宗扩大了节度使职权,使他们在辖境内除了管理军事权外,还有了管理民政、财赋、司法、监察等事务的权力。天宝年间,玄宗在边境共设置了十节度使,统称为"藩镇"。

唐代幽州节度使刘济夫人墓志志石侧面纹饰(局部)

建立藩镇本意是为镇守地方、保卫中央,但随着中央赋予权力的增加,藩镇节度使渐渐拥重兵、占赋税,在辖区内既有其土地,又有其人民,又有其甲兵,又有其财赋,占有了土地、人口、军队、财赋。于是,"方镇不得不强,京师不得不弱",藩镇的势力越来越强,而都城的实力相应变得越来越弱了。唐王朝内重外轻的格局逐渐转变为外重内轻,长安及周边的军事实力被地方超越。节度使手握多种权力,威高权重,逐渐呈现出尾大不掉之势,地方权力重而京师轻,终于在天宝年间爆发了安史之乱。

安史乱后,唐王朝力图根据强干弱枝的原则,重新建立京师重而地方轻的军事形势。于是,一方面,在环京师长安的周边地区建立了数个小型藩镇,用来护卫中央的安全,在其他地方大量增设小型藩镇,用来管理地方经济,向中央输送财赋。又切割边防沿线的大型藩镇为小型藩镇,以便边疆地区既有可以抵御外敌的藩镇,又不至于造成藩镇太大而让中央无法控制。这样形成的三种类型的藩镇,就是学者们研究中所称的中原防遏型藩镇、东南财源型藩镇、边疆御边型藩镇。这三种藩镇权力均衡,彼此牵制,还可以向唐中央提供经济保证和军事防御。

河北藩镇

另一方面,安史之乱后,安史旧将虽然向唐廷投降,但依旧盘踞在河北。经过长年战争,唐王朝已经无力消灭他们,君臣也都急于求安,不想再经历战争,于是中央采取怀柔政策,将河北分给安史旧部的归降者,任命他们为节度使,自行管理地域内的军事和民政。其中,安禄山养子田承嗣为魏博节度使,安禄山养子李宝臣为成德节度使,史朝义部下李怀仙为卢龙节度使。魏博、成德、卢龙三镇,就是安史乱后形成的第四种类型的藩镇——河朔割据型藩镇。

《新唐书》记载:"安、史乱天下,至肃宗大难略平,君臣皆幸安,故瓜分河北地,付授叛将。"安史乱后的河北地区被分给了安史降将,任命他们作为藩镇节度使。"遂擅署吏,以赋税自私,不朝献于廷",河北藩镇的节度使在辖区内自己任命官吏,赋税自己收,不上交中央朝廷,人事任免和财政权都在自己手中。

藩镇内部的幕府衙署,按理说其工作人员都应该由中央朝廷委派。但首先,朝廷无人可以委派,即使安排了,大多也不愿意去人生地不熟、民风彪悍且不服从中央管理的河北藩镇任职。其次,河北藩镇节度使完全无视中央朝廷,即使中央朝廷安排了任职人员,他们也会将之驱逐,转而改任或安插亲信任职。

《集注杜诗》书影　作为"诗圣"的杜甫全程经历了安史之乱,动乱时代百姓的困苦给了诗人极大触动,他写下了《春望》、"三吏""三别"这样的名篇。古籍原件现藏于台北故宫博物院。

除了擅自任免官员,河北藩镇也不给中央上交赋税,即"户版不藉于天府,税赋不入于朝廷"。实行两税法前,唐代的赋税主要是按人口的多少来征收的,充足的人口是赋税的保证。河北藩镇一不上报辖区户口给中央,二不上缴赋税给朝廷,几乎等同独立于中央朝廷之外。而河北在唐代是人口稠密、经济发达地区。以魏博镇举例，根据文献记载，魏博管辖的五个州共有户口四十五万三千四百四十户，京师长安附近的关中地区二十一州户口数为七十九万六千七百零一户，足见魏博人口之多。另外，魏博地区在唐代土地肥沃，又有黄河和漳河等灌溉水源，农业生产非常发达。充足的人口和发达的农业又使魏博的手工业和商业极为活跃，加上魏博本身有充足的煤铁资源，魏博在军事所需的充足的人口、经济和装备上，完全可以自给自足。

  除了自行任命官吏和收缴赋税，河北藩镇之间还互相约定"以土地传之子孙"，即节度使的职位由子孙世袭，不由朝廷任命。这种约定的世袭成为了类似"自治"一样的特权，经济上的独立和政治上享有特权互相交融，使河北藩镇"讫唐亡百余年，卒不为王土"，成为了独立于唐王朝之外的小王国。这些特权也逐渐从河北三镇开始扩展到整个河朔地区（今北京、天津、河北、河南北部、山西北部和西南部）藩镇，又扩展到更广阔的地域范围内。无法控制的外重内轻的军事、经济和政治形势，最终导致了唐王朝的衰亡。

扬一益二

唐宪宗时期,宰相李吉甫编纂了一本叫《元和郡县图志》的书,全书完成于唐宪宗元和年间,是我国唐代的一部地理总志。书中保存了丰富的历史资料,对唐代全国各地的自然地理和物产经济等都有简要记述,其中描述各地经济时,称:"扬州与成都号为天下繁侈,故称扬、益。"北宋时期,司马光编撰的《资治通鉴》记述唐代末年历史时有记载:"先是,扬州富庶甲天下,时人称扬一益二。"

唐代的扬州是一个大的政区,大致在今天的淮河与长江之间的江苏省部分,包括现在的扬州市、泰州市、南通市和盐城南部;唐代的益州即今天长江上游的四川盆地地区,成都是益州的治所,相当于省会。

唐代长江下游的扬州与长江上游的益州,至迟在唐宪宗时期,已经是全国最为富庶繁华的地区了。我们知道,唐代的政治中心是长安和洛阳,京兆、河南与河北在当时是经济发达地区,远离政治中心的扬州与益州,是怎么成为当时数一数二的富庶之地的?两者繁荣在什么地方呢?又体现了什么样的趋势呢?

交通便利

我们先来看看扬州和益州在唐代的地理与交通情况。

《元和郡县图志》记载:"自扬、益、湘南至交、广、闽中等州,公家运漕,私行商旅,舳舻相继。隋氏作之虽劳,后代实受其利。"以扬州为中心的水陆交通,向西可到达益州,向南可到交州和广州,这条水路交通上,政府及私人的漕运船只、私行的商人行旅船只首尾相接,数量非常多,漕运十分的发达。隋朝开通运河浪费了大量人力劳力,但后人却因这条运河受益良多。隋炀帝开凿沟通南北的大运河,穿过扬州的邗沟向北接通济渠可抵达洛阳,再接广通渠可到达长安;邗沟向南通过江南河连接苏州和杭州。如此一来,扬州向东、西、南、北四个方向的漕运都十分便利。扬州的港口又是唐代面向海外的大港,是当时重要的对外商贸港。因此,扬州的交通有着"面江背淮,跨河临海"——连接长江、淮河、黄河和大海的优势。此外,安史之乱前的唐玄宗开元年间,设置了江淮转运使一职,提出运送物资的时候要先将全国货物统一集中到扬州,再从扬州分发转运。这种做法极大地巩固了扬

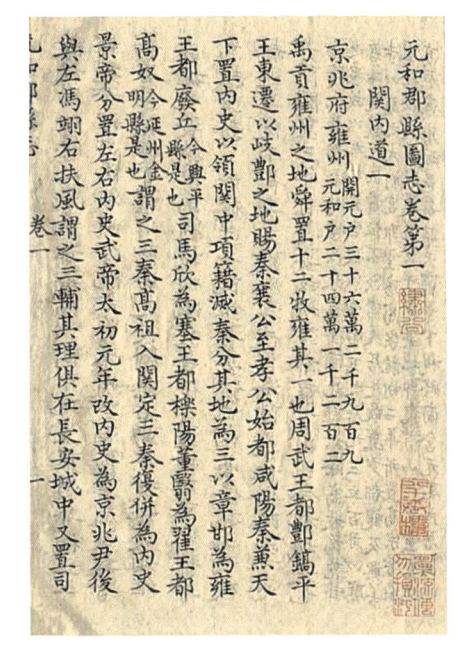

唐代李吉甫编纂的《元和郡县图志》抄本书影
原件现藏于南京图书馆

州作为大运河交通枢纽的地位,扬州于是成为了商贾云集、物资汇聚之地。

益州位于长江上游四川盆地的川西平原上,地理条件得天独厚,灌溉便利、土地肥沃,战乱少,战国以来农业就很发达,发展也很稳定。虽然李白有"蜀道难,难于上青天"的感叹,但唐朝修建了水陆交通,加强了益州与长安、益州与周边地区的贸易往来。唐代诗人陈子昂感叹:"蜀为西南一都会,国家之宝库,天下珍货,聚出其中,又人富粟多,顺江而下,可以兼济中国",益州是西南地区的都会、国家的宝库,天下珍宝多由此地出产,人民富裕,粮食丰收,将益州的财粮沿着长江运输至全国各地,可以养活整个国家。

得益于优越的地理位置和便利交通,扬州和益州在唐代已经是繁华富庶之地了。但真正能称得上"扬一益二",要等到安史之乱之后。

经济发展

安史之乱前后持续了七年时间,战争期间,"东至郑(今河南郑州)、汴(今河南开封),达于徐方(今江苏徐州),北自覃怀(今河南沁阳),经于相土(今河南安阳),人烟断绝,千里萧条"。战乱平息后,投降的安史叛将盘踞在河北地区,形成割据型藩镇,它们与唐朝中央的对抗一直持续到唐朝灭亡,而这种对抗又是建立在唐中央朝廷与割据藩镇、藩镇与藩镇之间的战争基础之上的。安史之乱期间及乱后的持续争战,使得北方的生产生活遭受了极大破坏。

与北方的战乱萧条相比,南方从六朝时期(东吴,东晋,南朝宋、齐、梁、陈)开始,因为北方政权的南迁、人口的南移而得到极大的开发,唐代初年已经有了一定的经济基础。安史之乱及以后,北方民众为了逃避战乱,再次大量南迁。这次人口南迁与西晋末年永嘉之乱造成的人口南迁、两宋之际的人口南渡并称为我国古代三次人口大迁徙。"两京衣冠,尽投江湘",长安与洛阳的名门士族全都南迁到长江流域和湘江流域了(指长江下游和长江中游地区)。南迁的北方人口增加了南方的劳动力,又带来了先进的农业生产经验,加上南方本身所具有的地理和环境优势,到了唐中后期,已经"赋出天下而江南居十九"(全国的赋税,江南地区占了百分之九十)了。

我们知道,扬州城在明清时期是著名的盐业发达城市。其实早在唐中后期,地域范围更广的扬州地区得益于便利的水运交通,战乱较少或没受到战争影响的相对安定的社会环境,唐肃宗乾元年间(758—760),朝廷在扬州设置了盐铁转运史,实行"榷盐法",实施食盐专卖。盐是生活必需品,政府实行食盐专卖,除了可以防止恶意抬高食盐价格引发社会动荡,还可以为国家提供大量的经济收入。唐代在扬州地区实行食盐专卖,也为扬州的商业经济繁荣提供了大好契机,使扬州在中唐时期真正成为"雄富冠天下"之地。此外,运河的便利和商业的发达也刺激了扬州手工业的发展,例如扬州逐渐成为全国铸造铜镜的中心,所产铜镜因为工艺精良,在唐代被列为贡品,诗人韦应物有"铸镜广陵市,菱花匣中发"的诗句,广陵即今扬州,菱花镜是极具代表性的唐代扬州镜。

益州除了农业发达,经济上有什么特点呢?益州是重要的经济作物产地,这里产出的茶叶被列为贡品,有"扬子江中水,蒙顶山上茶"的美誉;又因为产粮,酿酒业兴盛,"剑南烧春"的名字沿用至今;蜀麻与盐、铜冶一样,被列入征税种类,体现麻种植业和纺织业的发达。手工业方面,自汉代以来一直发达的织锦业继续发展,唐

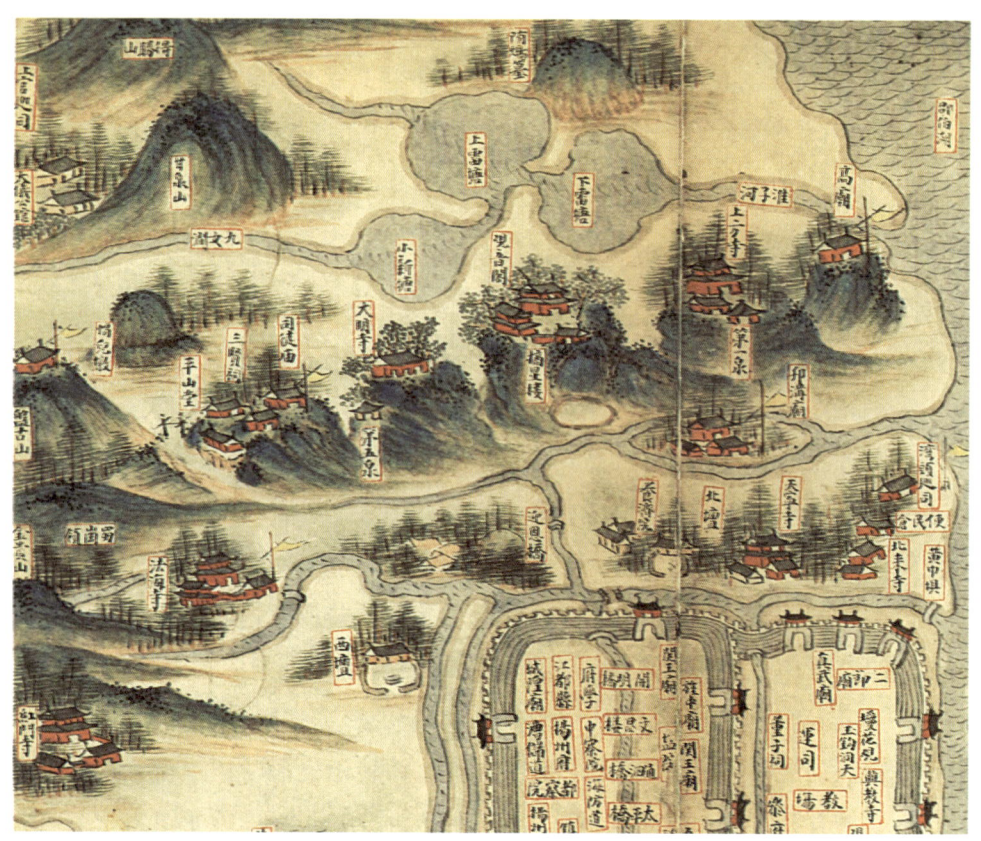

明代《扬州府图说》(局部)

朝的蜀锦以其富丽明艳的色彩、细致高超的织造技艺闻名全国,是唐代高级丝织品的代表,更一度远销海外。

扬一益二

　　扬州与益州具有先天的地理环境优势,隋唐时期,经济也发展到较高水平。扬州依靠水陆交通优势和食盐专卖,以及国家赋予的经济特权,形成发达的商业贸易经济。益州拥有肥沃的土地、优良的气候条件和完善的水利设施,生产经济发达。而"扬一益二"的最终形成,则是安史之乱直接促使的。这种说法和局面的出现,体现出安史之乱后中晚唐的经济形势全景:自两晋南北朝时期趋向平等的南北方经济,到此时重心开始向南方转移。这种局面经过北宋和南宋,最终形成了稳定的南方领先北方的经济格局,并延续至今。

黄巢之乱

曾经灿烂辉煌的大唐，也如一个人一样，走过朝气蓬勃的青年、事业有成的中年，逐步迎来了垂垂老矣的晚年。而为唐朝唱响挽歌的，是一个叫黄巢的人。

黄巢，曹州冤句（今山东菏泽）人，属河南道。家中世代靠贩盐为生。因为食盐是当时重要的生活物资，一本万利，所以黄巢自小衣食无忧，是个典型的富二代。黄巢小时候喜好击剑骑射，本人能言善辩，喜欢结交豪侠，这些都为他日后的所作所为打下了基础。

黄巢出生后的大唐已经逐步走到了王朝的末年。从唐懿宗咸通末到唐僖宗乾符中，由于粮食连年歉收，引发了大饥荒。很多活不下去的百姓沦为了盗贼，其中又以河南道（正是黄巢老家）最多。

乾符元年（874），有一个叫王仙芝的人起兵于濮阳。他很快就聚集了三千余人。在攻破曹州、濮阳和郓州以后，王仙芝的部队发展到超过万人，势力大涨。这时，王仙芝自号"大将军"，矛头直指朝廷贪官污吏横行、赋税沉重、赏罚不公等弊端。一时天下震恐。朝廷的官员不敢将实际情况上报，所以唐僖宗对王仙芝造反的实际原因并不清楚。

唐僖宗靖陵的神道石刻石柱

黄巢起兵

黄巢与王仙芝是同乡,平时就常盼着天下大乱,自己好有用武之地。王仙芝一起兵,他便和黄揆等兄弟八人,聚众数千人,响应王仙芝。黄巢随着王仙芝进攻河南十五州,人数也渐渐发展到数万。

为了应对叛乱,唐廷派遣平卢节度使宋威与副将曹全晸率军平定王仙芝。在打了几次败仗后,王仙芝暂时率兵撤退。以为王仙芝不过如此的宋威于是谎称已经击杀贼首,擅自允许手下士兵回到青州休整。结果取胜的消息传到都城长安,朝廷中群臣刚准备入贺天下太平,地方州县报告说敌人尚在的文书也随后来到。朝廷不得不再次召集军队前往镇压,这让才放假的士兵非常不满,有了叛乱之心。这个情况被王仙芝探得,立即卷土重来,不到十天就打下了八个县。唐僖宗见王仙芝等已经逼近洛阳,担心洛阳危险,便紧急召集各路兵马守卫洛阳。

关东(潼关以东)州县的军队都害怕王仙芝,只是闭城自守,不求有功,但求无过,所以王仙芝得以四处攻伐,所过之处,烧杀抢掠,生灵涂炭。若碰到敢于追击的官军,则抛弃一些抢来的物资,引发官军争抢。双方逐渐形成了一种默契。甚至主持镇压的宋威私下与同僚商议:"以前反贼庞勋才覆灭,征讨他有功的康承训就被定了罪(这里宋威暗示朝廷有鸟尽弓藏之嫌)。我们这次即使平定了王仙芝,下场能比康承训好吗?不如留着王仙芝他们,如果他们侥幸做了天子,我们说不定还能捞个功臣做做。"后来,见宋威平叛一直毫无成效,皇帝对宋威起了疑心,派人顶替了他。

硬攻不成,唐廷派人以官职招降王仙芝。王仙芝听到封赏后十分心动,但封赏中没有提及黄巢等人,让黄巢十分不满,与王仙芝之间产生了矛盾,几致决裂。由于下属的坚决反对,王仙芝遂不敢接受朝廷的封赏,叛乱也愈演愈烈。

随着叛乱的加剧,唐僖宗不得不重新启用宋威,让太监杨复光做监军。乾符五年(878),杨复光派人再次招降王仙芝,王仙芝派遣心腹先降,顺便商讨投降后的待遇。宋威为争功,谎称这些来投降的人都是打仗获胜后俘虏的敌军,而杨复光反复说明他们是来投降的降将,朝廷分辨不出真假,竟然直接将降将都杀了。王仙芝听说后大怒,率军攻打洪州。但失去了大批得力干将的王仙芝,已经不是唐军的对手,最终兵败被杀。

攻陷长安

王仙芝败亡后,残余势力投靠了黄巢。黄巢因此实力大增,自号"冲天大将军",驱使河南道、山南道百姓十余万攻打淮南道,建年号为"王霸"。但随着王仙芝败亡,唐廷开始集中力量对付黄巢,黄巢连战连败,死者甚众。黄巢见势不妙,便向朝廷请降,朝廷授予他右卫将军的职位。然而,黄巢很快发现朝廷内部不同派系的军队各自为政,并不能完全消灭自己,于是又叛变,先东下浙江,被高骈击败后转而南下福州,于乾符六年(879)围攻广州。

在与朝廷作战的同时,黄巢也在与朝廷和谈。一开始,黄巢希望朝廷能给他天平节度使一职,被朝廷拒绝;之后又转求安南督护、广州节度使,结果朝廷只愿意封他为率府率。黄巢大怒,攻破广州。

明代《新镌全像孙庞斗志演义》插图中的潼关,自古潼关为关中门户、战略要地,潼关失守,则长安指日可破。

黄巢军中多是北方人,在南方水土不服,这年从春天到夏天,疫病横行,死者甚众,剩下的人都希望北归。这时,唐廷已经极度腐败,黄巢为了顺应军中北归的意愿,利用百姓对现实政治的不满,自号"义军都统",告知天下自己将入关,并列举当时太监弄权、选举不公等情况,树立起替天行道的形象。

黄巢从唐僖宗广明元年(880)渡过五岭北上,一路势如破竹,先后经过湖、湘、江、浙、进逼广陵,守将高骈不敢出战,其余镇戍望风而降。9月,黄巢渡过淮河,11月攻陷洛阳,唐朝东都留守刘允章率众官员投降。接着,黄巢便一路向西,进逼长安最后的防线潼关。

为了抵挡黄巢,朝廷调禁军守关。但禁军早已腐化。禁军是世袭，待遇优渥，因此禁军中富人居多，平时耀武扬威，只知迎合权贵，根本不知如何打仗。当听说要去打仗，禁军中居然有父子抱头痛哭。为了不去战场，很多禁军都花大价钱在市场上雇人代为出征，受雇的都是贩夫走卒、老弱病残，从来没有打过仗。而军队的将帅又选用了太监。更加雪上加霜的是，潼关左边有条小路，可以走人，但因为过潼关要收税，为了防止有人从小路走逃税，所以平时禁止人出入，这让这条小路有了个名字——"禁谷"。等到黄巢兵至，守军只守潼关，不管"禁谷"。他们天真地认为官府都声明了不允许走人，那肯定不会有人走。只是叛军都反叛唐廷了，又怎么会在乎唐朝这点规矩？最终，叛军恰恰就利用"禁谷"的漏洞，前后夹攻，潼关随之失守。

潼关陷落后，长安已经无险可守。12月3日，唐僖宗趁夜逃出长安，诸王百官也随之四散逃命。12月5日，长安陷落。

起义失败

进入长安初期，黄巢军队以抢掠来的物资接济长安百姓，建国号"大齐"，年号"金统"，接受唐朝投降的官员，广建百官，颇有一番新王朝的气象。如果没有变故，或许一个新的朝代会建立起来。但随着中和元年（881）唐王朝各地勤王部队汇集，局势对黄巢而言急转直下。

在唐军的包围中，长安成了孤城。这时，黄巢军面临的最大问题就是粮食。常年战乱，很多百姓都居住在山谷中避难，无法耕作，长安本地几乎没有粮食来源。太平时，长安的粮食主要靠外地供给，这也是隋唐大运河在国家政治中如此重要的原因。而随着唐军合围，长安城粮食的外来源头被切断，坐守空城的黄巢军除了抢来的钱财外,没有任何粮食补充,因此城内一时谷价飞涨。而唐军呢?他们本应尽早结束叛乱,救民于水火,但他们似乎并没有这样的意图,反而趁火打劫,利用城内缺粮,将山谷中的百姓抓来,卖给叛军做粮食(以人为食),一人卖数十万钱。

随着情势恶化,黄巢与被俘虏的百官之间脆弱的信任更加岌岌可危,最终完全断裂,许多官员被杀。此外,一些长安百姓看到唐军到来,十分高兴,便去迎接,这也激怒了黄巢,遂下令屠城,一时血流成河。最终,这场悲剧在李克用、王重荣的进攻下落下了帷幕。中和三年(883)4月14日,长安城被收复。

清蒋廷锡绘《花卉虫草册》中的菊花　原件现藏于故宫博物院

黄巢军退出长安后,又转战淮南一带。而关东因为久经战乱,早已饿殍遍野,军队多以人为食。中和四年(884),黄巢兵败被杀。随着黄巢离世,唐王朝也逐渐走到了生命的尽头。

不第后赋菊
待到秋来九月八,我花开后百花杀。
冲天香阵透长安,满城尽带黄金甲。

黄巢所作的这首诗读着气势恢宏,却是用洗不净的鲜血写成的。曾经傲立于世界东方的唐王朝以这种残酷的方式渐渐落下帷幕,我们不由叹息,到底是什么酿成了这场惨剧?殷鉴不远,在夏后之世。或许,当我们感叹唐朝"飞流直下三千尺,疑是银河落九天"的壮丽景象时,也不应忘了唐末"可怜无定河边骨,犹是春闺梦里人"的悲凉。

清汪承霈绘《画万年花甲》中的菊花
原本现藏于台北故宫博物院

关中唐陵

我国自古就把身后事看得十分重要,有"厚葬以明孝"和"事死如事生"的传统思想。在这种思想的影响下,人们像经营在世的人生一样看待死亡。古代会在去世的人墓葬里放入生前使用的金银珠玉、生活用品等实用器,也会放入专门用于陪葬的、用陶瓷木石做成的侍卫仆从、飞禽走兽、亭台楼阁和仿日常器皿等明器,以象征进入另一个世界后,依然可以享受繁华。

除了墓葬里的器物布置,古人对于墓葬的地上建筑也有很多讲究。比如,在墓葬所在地面上堆封土以标示墓葬的位置,这就是"坟"的由来;有"封土为陵"和"依山为陵",即在墓葬地面上覆盖大量黄土,修成一定规模的人造山,后者是直接就将山凿开,把墓建在山里。这两种陵寝只有帝王才可以修建,"陵"也是对帝王墓葬的专称;帝王陵墓有"陵园",陵园一般面积广阔,里面有象征皇帝生前仪仗队的石人石兽、王公贵族的陪葬墓、用来祭祀的献殿等,陵园周围还有园墙。

唐代皇帝去世后安葬的地方,也称为"陵",而且多是开凿自然山体,将墓室建在山体内部的"依山为陵"。由于唐代帝陵的分布非常有代表性,下面我们就先来了解一下唐代帝陵的整体概况。

关中十八陵

唐代二百九十年(618—907)间,共有二十一个皇帝。除了唐末战乱,最后两位皇帝客死他乡而葬在其他地方[昭宗李晔葬于河南渑池,哀帝李柷(chù)葬于山东菏泽]外,其余的十九位皇帝均埋葬在都城长安(今陕西西安)附近,今天陕西关中地区渭河以北的乾县、礼泉、泾阳、三原、富平、蒲城六县境内,其中,武则天与高宗李治合葬。这十九位唐代皇帝的十八座帝陵,被称为"关中十八陵"。

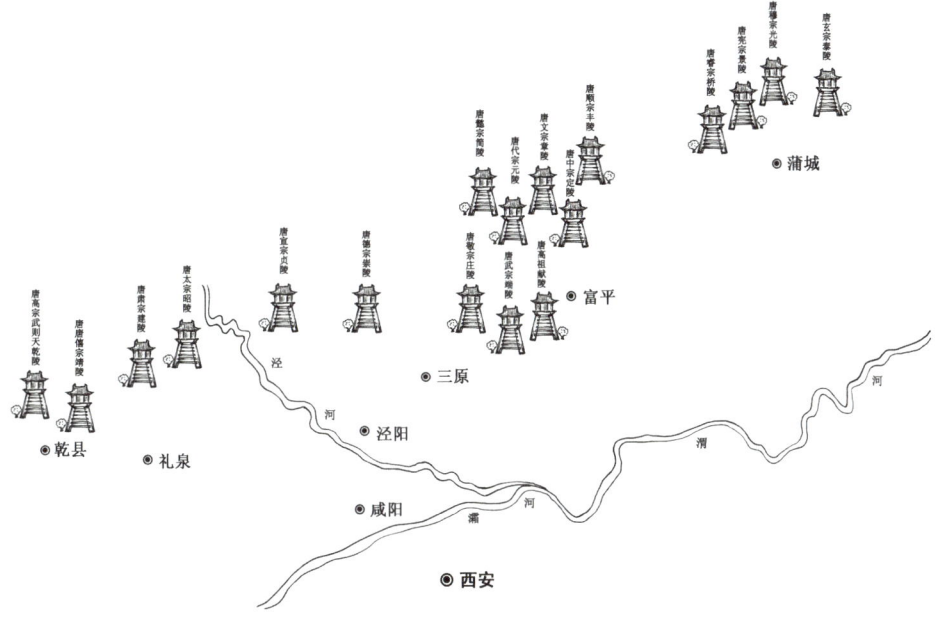

唐十八陵分布简图

关中十八陵以西安为中心呈弧形展开,像一把大扇子,自最西边乾县的乾陵到最东边蒲城县的泰陵,东西延绵一百五十多公里。

陵墓隔关中平原与秦岭遥遥相对，又有泾河、渭河环绕其中，依山傍水，环境极佳。陵寝的排布没有固定顺序，因山势而立，为的可能只是占得一处风水宝地。

十八陵自西向东分别为乾县的高宗和武则天合葬陵乾陵、僖宗靖陵，礼泉县的肃宗建陵、太宗昭陵，泾阳县的宣宗贞陵、德宗崇陵，三原县的敬宗庄陵、武宗端陵、高祖献陵，富平县的懿宗简陵、代宗元陵、文宗章陵、中宗定陵、顺宗丰陵，蒲城县的睿宗桥陵、宪宗景陵、穆宗光陵和玄宗泰陵。

目前，唐代帝陵都还没有进行过正式的考古发掘，文献材料也没有关于帝陵地下陵寝的记载，因此帝陵具体的地下布局还有待考古发现和研究。但我们可以猜想，唐代帝陵陵墓内的随葬器物必定非常奢侈和珍贵。传说唐太宗对王羲之的书法《兰亭集序》推崇备至，去世之前就交代要将真迹随葬在自己以后的帝陵内，现在我们所见的《兰亭集序》皆为后代摹本，不知真迹是否真的在唐太宗的昭陵墓室内。

在地面上呈弧形展开，与首都长安连接，像一把展开的扇子一样的关中十八帝陵，是一部实体版唐代历史图卷。以下，我们就以乾陵的地面建筑为例，简单了解唐代典型的帝陵陵园布局吧！

乾　陵

乾陵是高宗李治与武则天的合葬墓，依山建陵，是关中十八唐陵中保存最完好的一座，也是迄今唯一一座没被盗掘过的唐陵。唐代自乾陵开始，陵园的布局也成为了定制，之后的唐代陵园都是仿照乾陵而建的，因此，根据乾陵可以窥见唐陵布局的全貌。唐长安城由宫城、皇城、外郭城三部分组成。宫城在最北边，是皇帝居

关中唐陵

住和处理朝政的地方;皇城在宫城南边,是政府衙门所在地;外郭城环绕在宫城和皇城东、西、南边,是居民区。三者之间以城墙和城门隔开。乾陵的陵园布局模仿长安城,自北向南,由三对门阙区分成三个部分,各部分也有不同的寓意。

第一对门阙北边是陵寝,即帝、后的墓室所在地。原本周围有城墙,城墙四面各有一扇城门,城门外立一对石狮,现在城墙和城门都已经不存在。陵寝坐落在现在的石灰岩山体(梁山)内部,固若金汤。站在梁山上向南边看,可以看见以门阙区别开的陵园另外两部分,犹如站在长安城宫城的顶部看皇城和外郭城一般。

出第一对门阙往南,在第一对和第二对门阙之间的,是通向陵

唐高宗李治与武则天陵寝乾陵的石柱和石马

寝的神道。神道两边,自南向北,分别有华表(石柱)一对、翼马(带翅膀的马)一对、鸵鸟一对、仗马(石马和牵马人)五对、石人十对,述圣纪碑和无字碑各一,六十一宾王像。这些石人石兽统称为石象生,是皇帝出巡的仪仗队伍的象征,也是长安宫城衙署的象征。

乾陵的神道石刻组成也是此后帝王陵墓石刻组合的定制,影响深远。此后的墓道石刻,大致均为华表、翼马、鸵鸟、仗马、石人的排列组合。

述圣纪碑是武则天为颂扬高宗李治的文治武功而撰写刻立的,又称"七节碑"。无字碑是武则天为自己立的,取意"千秋功罪,留与后人评说",因此原本是不刻字的,今天上面所见的字是宋、金以后人的题字。

六十一宾王像分立在墓道两侧,是唐高宗和武则天时期归附唐朝、在唐朝担任过高级职官的非汉民族首领的石头立像。石像与真人身高相仿,衣着装束都很写实,每个石像的背部原本还刻有官衔和姓名,但现在大多已经漶漫不清。此外,这些石像在明代中后期遭到很大的损坏,头部被打掉了,有考证说是因为地震掉落的,也有分析是人为故意打掉的,真相不得而知。

第二对门阙和第三对门阙之间分布着功臣贵戚的陪葬墓,可类比长安城的外郭城。

唐代的帝陵均有陪葬墓,贵戚功臣去世后被允许陪葬帝陵,这是一种特殊的恩宠。唐初,陪葬制度还没有形成定制。唐太宗于贞观年间下诏,功臣皇亲和有德业的三品以上官员,去世后可以陪葬帝陵。自此陪葬成为定制。乾陵共有十七座陪葬墓,目前考古发掘了五座,出土了非常精美的壁画和有很高价值的文物。

除了陵寝、石刻、陪葬墓外,陵园内还有用于祭祀的祭坛、献殿和守陵人居住的寝宫。

通过以上叙述,我们可以对唐代帝陵的地上布局作一个总结性的描述:帝陵建制模仿都城长安城,以门阙为标志分为三重,由内而外分别为皇帝墓室所在的陵寝、神道和石像生、功臣贵戚的陪葬区,对应长安城里皇帝居住的宫城、官员办公衙署所在的皇城、市民居住的外郭城。这也可以看作古人"事死如事生"的体现。

目前,关中十八陵和汉唐长安城、宫殿群一起,构成了我国密度最大、等级最高的唐代文物文化遗址区。2019年,"关中十八唐帝陵"被列入《中国世界文化遗产预备名单》。唐代帝陵的保护和研究仍然任重而道远。

唐肃宗李亨建陵的石人

全忠不忠

黄巢向天下人揭示了唐王朝的虚弱后，野心家们像闻到了血腥味的鲨鱼一样蜂拥而至，其中就包括一个来自宋州砀山（今安徽砀山县）午沟里的年轻人——朱温，也就是后来的后梁太祖。

朱温的童年并不幸福，父亲早逝，母亲带着朱温兄弟三人寄居在萧县人刘崇家中。由于从小没有父亲教导，再加上寄人篱下，朱温养成了游手好闲又好勇斗狠的习性，邻居们大都不喜欢他。唐僖宗乾符年间，黄巢起兵，看到了机会的朱温与二哥朱存一起加入了黄巢军，由此开启了他作为乱世奸雄的一生。

归降唐朝

后来朱存战死，而朱温则因为英勇善战，先于唐僖宗中和元年（881）被黄巢提拔为东南面行营先锋使，又在中和二年（882）攻陷同州后，被任命为同州防御使（唐肃宗即位时，正值安史之乱，各州刺史除了要管理民政外还需带兵平叛，于是开始有了防御使、团练使、制置使之名，以方便刺史领兵，地方战事平息后，则改称观察使），这让朱温第一次拥有了自己名义上的地盘。

然而，福兮，祸之所伏，同州附近驻扎着听命于唐廷的河中节度使王重荣。朱温与王重荣交战,屡战屡败,不得不向黄巢求援,求援信却被中尉孟楷隐瞒不报,朱温一时进退两难。在危难之际,门客谢瞳的一席话点醒了朱温:"黄巢出身平凡,只是碰上唐室衰乱,才因缘际会得以坐大,并非真有实力,不足以成事。而反观唐廷,如今天子在蜀,各方勤王势力逐渐汇集以谋求兴复,这是人心尚在大唐这边。就将军而言,你现在在外力战,内部却有小人掣肘,这正和秦朝章邯的情况一样,当年章邯因此背秦归楚,将军也应早做决断。"朱温听后深以为然,遂杀黄巢派在他身边的监军,举郡报降王重荣。王重荣对朱温很重视,朱温也一直感激王重荣的知遇之恩,大权在握后,

清人绘后梁太祖朱温像

还亲自祭扫王重荣的墓地,并善待他的后人。唐廷也没亏待朱温,拜他为左金吾卫大将军,充河中行营招讨副使,赐名"全忠",希望借此换取朱温的忠诚。但"全忠"这个虚幻的名字最终并没能拴住一颗充满了贪婪的野心。

朱温降唐后,屡立战功,中和三年(883)三月被任命为宣武军节度使[唐德宗建中二年(781)设宣武军,下辖宋州、亳州、颍州,后又并入汴州,并以汴州为治所,自此一直持续到后梁开平元年(907)四月,朱温灭唐后升汴州为东都开封府,废止了"宣武"军号,

朱温即为最后一任宣武军节度使],依照之前的职位,充河中行营副招讨使。这次任命无疑考虑到朱温为宋州人,一方面想利用他对乡里的熟悉,来帮助剿灭活跃在宣武军辖境内的黄巢部队;另一方面也是借此将朱温调离统治核心区同州。七月丁卯,朱温到宣武军中,时年32岁,宣武军也从此成为朱温争霸天下的基石。一样的四战之地,一样的旧厦将倾,朱温不知不觉走上了与曹操相似的道路,历史似乎又开始了一个新的轮回。

寻机扩张

朱温到汴州后,就开始寻机扩张。第一个契机很快到来。黄巢攻陷蔡州,蔡州节度使秦宗权投降,黄巢军于是进围陈州。陈州守官向朱温请求救援,朱温立即出兵解陈州之围,陈州百姓感激朱温解围的功德,为他建了生祠,依附于朱温。不过,也是在这次解围中,朱温给自己树立了一位大敌——河东节度使李克用。两人本来合兵与黄巢大战,最终逼迫黄巢兵败被杀。但在庆功宴上,朱温与李克用反目,朱温发兵围杀李克用,李克用拼死逃回大营,捡回一命,从此,朱、李两家势不两立。黄巢死后,唐僖宗为朱温加官检校(唐中后期,"检校"类官职均为散官或加官,不具有实际职权,主要表达恩宠)司徒、同中书门下平章事(相当于宰相职位),封沛郡侯,食邑千户。不久又进封为沛郡王,之后又加官检校太傅,改封吴兴郡王,食邑三千户。

黄巢的覆灭并没有能够让唐朝起死回生,相反,唐僖宗光启二年(886),又发生了李煴僭位事件,虽然政变很快被扑灭,但唐王朝至此已经风雨飘摇。黄巢死后,秦宗权继承了他的军政遗产,一路攻陷陕、洛、怀、孟、唐、许、汝、郑等州,开始围攻朱温所在的汴州。

莫高窟第156窟壁画《张议潮统军出行图》(局部) 张议潮曾在西北带兵抗击吐蕃,收复沙州等地,后来建立归义军,张议潮受封为节度使。

朱温一方面向兖州朱瑾、郓州朱瑄求救,另一方面派下属朱珍去东方募兵,十来天时间,响应招募的有万余人,获得战马千匹。得到朱珍招募的新兵,以及兖州朱瑾、郓州朱瑄的增援后,朱温击败了秦宗权。唐廷给朱温加官检校太尉,兼领淮南节度使,先后赐纪功碑、(免死)铁券、德政碑。外敌已去,内争渐起。朱温指责朱瑾、朱瑄引诱自己的下属投靠,两人矢口否认,双方开始互相攻伐。

在与秦宗权残部、二朱对峙的同时,又有新的敌对势力出现。朝廷之所以让朱温兼任淮南节度使,是因为淮南发生兵变,旧节度使高骈死于非命,淮南出现了权力真空,朝廷希望朱温去填补这个空缺。但让朱温意想不到的是,杨行密抢先进入淮南节度使治所扬州,占得先机。朱温不得不上表同意杨行密为副使,希望与杨行密达成妥协。但杨行密并不接受朱温的安排,拒绝让朱温的下属进入扬州,双方矛盾逐渐激化。接着,唐僖宗在文德元年(888)让朱温做蔡州四面行营都统,而同时又任命时溥为东南行营兵马都统,双方职权重叠。对于时溥,朱温早在平黄巢之战中,就因为争功,渐生嫌隙。这些对手都被朱温记在心头。

文德元年三月,僖宗驾崩,昭宗即位。唐朝对地方的掌控力进一步被削弱。四月,魏博镇发生兵变,节度使乐彦贞父子被杀,罗弘信立为魏博节度使。为稳住局面,罗弘信派遣使者向朱温示好。此外,唐廷河南尹张全义与李罕之、李克用交战,战局不利。张全义向朱温求救,这给了朱温插手两地事务的机会。在攻破李克用、李罕之后,朱温将河阳收入自己手中,他的势力在不知不觉中逐渐膨胀。为了安抚朱温,五月,新帝唐昭宗以朱温为检校侍中,在之前的基础上增加食邑三千户。没多久,将朱温的故乡改称"衣锦乡",朱温家居住的里(类似于现在的街道或社区)改称"沛王里"。

羽翼渐丰的朱温在不断攻打和削弱秦宗权,直到确认他对自己已不构成威胁(秦宗权很快被下属囚禁,献给唐廷,不久被杀),便着手准备对时溥动手。朱温先上书朝廷,指斥时溥作战屡次无功而不受处罚,有意激怒时溥。然后又以送楚州刺史刘瓒回楚州为借口,派手下将领朱珍带兵护送,并故意借道时溥所在的徐州。被激怒的时溥果然中计,出兵阻拦护送的军队。有了借口的朱温名正言顺地开始发兵攻打时溥。经过数年拉锯,景福二年(893),时溥最终兵败自杀,他原先占据的地盘都被朱温收入囊中。

龙纪元年(889),朱温加官检校太尉、兼中书令,进封东平王。大顺元年(890),再加宣义军节度使一职,充河东东面行营招讨使。但朱温考虑的只有如何增强自身实力。他对罗弘信掌握的魏博觊觎已久。此时,朱温正与前文提到的李克用互相攻伐,便故意借道魏博攻打李克用,并且要求魏博提供军需,借此激怒魏博。罗弘信中计,与李克用通好,给了朱温征讨魏博的借口。魏博军不敌朱温军队,罗弘信惧而请和。

　　加强了对魏博的控制后,朱温开始全力对付兖州朱瑾、郓州朱瑄,最终在乾宁四年(897)正月擒获并斩杀了朱瑄,逼迫朱瑾出逃,平定郓州,攻克兖州。至此,朱温基本控制了黄河到淮河之间的区域,主要对手就剩下北边的李克用、南边的杨行密。朱温与李、杨之间互有胜负,谁也没法吞并谁。除此此外的赵匡凝、刘仁恭之流,不过是在几家之间反复的小角色。在这种僵局中,朱温的眼光开始转向了曾经的主人——唐王朝。

全忠不忠

　　光化三年(900),唐廷再次发生政变,昭宗被幽禁。天复元年(901),宰相崔胤称奉昭守密旨,让朱温进京,联合右神策军都指挥使孙德昭,迎昭宗复位,朱温被封为梁王。这次政变使唐庭内部的矛盾进一步暴露出来。不久,以崔胤为代表的外朝大臣与内朝宦官彻底决裂。崔胤等人招

彩绘浮雕武士石刻　出土于河北曲阳王处直墓。武士身着明光铠,头顶凤翅盔,脚踏牛形怪兽。王处直曾官拜唐代、后梁时期的义武军节度使。文物现藏于中国国家博物馆。

来朱温军队诛杀诸位宦官。朱温因此再加官守太尉、兼中书令,宣武、宣义、天平、护国等军节度使,诸道兵马副元帅,加食邑三千户,实际得封四百户,赐"回天再造竭忠守正功臣"的荣誉称号,并赐昭宗御作《杨柳词》予以褒奖。但随着朱温之子朱友伦在长安因为打马球意外坠马身亡,表面的和谐被彻底打破。朱友伦在长安的一个主要任务就是为朱温监视昭宗的一举一动,朱友伦的死亡让朱温以为唐廷诸位大臣要对自己动手,于是诛杀崔胤等宰臣,逼昭宗将都城东迁洛阳。万般无奈下,何皇后对昭宗说:"此后,我们夫妇只能委身于全忠了。"紧接着,朱温全面控制了昭宗身边的卫戍部队,并更换了昭宗的亲近随从。八月,昭宗被害,哀帝李柷即位。

昭宗的死亡预示着唐王朝的命运,随后就是历史上不断重演的、让人眼熟的程式。朱温先是进位为诸道兵马元帅,接着成为相国,进封魏王,入朝不趋,剑履上殿,赞拜不名,兼备九锡之命。

唐哀帝天祐四年(907)四月,朱温篡夺李唐江山,改名朱晃,改年号为"开平",国号大梁,升汴州为开封府,建名东都。原先的唐东都洛阳改为西都,废京兆府为雍州佑国军节度使。封李唐国主为济阴王。

至此,当年的一个乡间无赖小儿,摇身一变成为了君临天下的皇帝。也许是因果轮回,朱温在位仅六年,就因为继立问题,于乾化二年(912)被亲生儿子朱友珪杀害。而他所留下的江山,也很快落到了当年仇敌李克用的儿子李存勖手中。

朱温的一生可谓波澜壮阔,起于毫末、终成大业。但他获得成功的手段却离不开残酷无情、诡计多端,最终的结局也与时代的基调一样,诞生于黑暗之中,也必将归于黑暗。

儿子皇帝

随着隋唐伟岸的身影渐行渐远,连朱温、李存勖这样仅存的血性也开始逐渐消散,为了生存,为了权力,尊严成为了交换的砝码。当一个皇帝厚着脸皮,低声下气地把另一个比他小了11岁的人称为"父皇帝"时,五代进入了最黑暗的时刻。

后晋高祖石敬瑭,本出自西夷。他父亲叫臬(niè)捩(liè)鸡,随李存勖的先祖一起迁入唐朝境内。唐末,因为善于骑马射箭,李克用便经常让他伴随左右。凭战功,臬捩鸡官至洺州刺史。

石敬瑭为臬捩鸡第二子,生于唐昭宗景福元年(892)农历二月二十八日,为人稳重,沉默寡言,喜读兵书,十分推崇战国赵将李牧、汉代名臣周亚夫的行事风格。当时还是代州刺史的李嗣源对石敬瑭非常器重,甚至将女儿许配给他,从此两人的命运便牢牢捆绑在一起,影响了石敬瑭一生。

君臣相得

石敬瑭作战英勇,每逢危难,都冲锋在前。一次,后梁将领刘鄩(xún)突袭李存勖,而当时李存勖的部队尚未列阵,危急时刻,石敬瑭率十余骑,深入敌阵,所向披靡,为李存勖列阵争取了时间。

后来石敬瑭杀回己方时,十余骑居然不损一人。李存勖拍着他的背,赞叹道:"将门出将,此言不差。"李存勖不但重赏石敬瑭,还亲自为其啖酥(当时一种殊荣)。石敬瑭由此一战成名。李存勖曾想将石敬瑭收归麾下,只是由于李嗣源的阻拦,方才作罢。此后的灭梁之役,石敬瑭功劳最大,但因为他为人低调,不喜自夸,所以知道他功劳的人并不多,只有李嗣源把他的功劳默记心中。

清人绘后晋高祖石敬瑭画像

后唐同光四年(926),赵在礼据邺城发动叛乱,朝廷派李嗣源前去平叛。结果平叛过程中意外频发,李嗣源虽然忠心于后唐,却被阴差阳错地安上了"叛乱"的帽子。李嗣源想一个人返回洛阳,向李存勖表明自己的忠心,但又怕遭遇不测。犹豫之际,石敬瑭一针见血地指出:"只要您曾和叛军混在一起,并口头说了要反叛,那不管您是否真心反叛,都不会有人相信您。而叛臣的下场,等平叛结束可想而知。"进而献计,劝李嗣源给自己三百精兵,先占据天下要冲——汴州,到时可以随机应变。李嗣源被其说动,依计行事。石敬瑭不负所托,抢先占据汴州,李存勖见状知大势已去,只好回军,最终兵溃被杀。

李嗣源即位后,对石敬瑭封赏不断,石敬瑭也竭力报答李嗣源的知遇之恩。他处世以廉洁著称,不喜声色,为政明察,凡事亲力亲为，公事结束后，还会召集自己的谋士讨论民情及刑狱、理政得失。李嗣源即位后，不断有节度使反叛，石敬瑭又为其平叛。他最后一次为李嗣源平叛是契丹寇边，石敬瑭拜辞前去御敌时，李嗣源似乎有所预感，离别时泣下沾襟，结果自此永别。这样的君臣相得在五代时十分罕见，如果李嗣源能多活几年，也许石敬瑭会有一个不同的结局。

长兴四年（933），李嗣源去世，本就脆弱的后唐政治平衡就此被打破。由于贪恋权位，李嗣源一直忌讳设立继承人，这直接导致了他临死前惨剧的发生。最有可能继承皇位的次子李从荣由于长期未能成为储君，在李嗣源病危之际，因害怕失去权位发动兵变，结果事败被杀。李从荣的死对李嗣源是一个重大打击，直接促使他死亡。而父子两人的先后去世，也为此后的冲突埋下了伏笔。

当李嗣源的死讯传来，石敬瑭如丧考妣。石敬瑭前半辈子的中心就是李嗣源，李嗣源待他名为君臣，实若父子。李嗣源的死让石敬瑭失去了人生的重心，而其人性的底线似乎也随之崩溃。

君臣猜疑

李嗣源死后，首先称帝的是李嗣源的亲生儿子李从厚。李从厚一即位就开始翦除潜在的威胁，首当其冲的便是战功卓著的李嗣源养子李从珂。李从厚本想首先利用行政手段削夺李从珂手中的兵权，再以大军征讨他。结果到大军围城已经胜利在望时，李从珂出人意料地孤注一掷，亲自登上城墙向攻城部队哭诉："我没到20岁就追随先帝出征，出生入死，遍体鳞伤，最终建立了唐。在场当年跟我一起上过战场的兄弟有不少，现在朝廷听信奸臣、残害骨肉，我有什么罪，而被逼到今天这个地步！"李从珂的一番话让将士们感同身受,大军竟然临阵倒戈。李从珂借机反攻,一举夺下帝位,成为后唐的最后一任皇帝。

在这场兄弟相残的闹剧中,石敬瑭也扮演了不光彩的角色,逃出的李从厚便是被他亲手交到李从珂手中的。石敬瑭虽然交出了投名状,但仍无法完全取得李从珂的信任。而清泰二年(935)发生的另一件事更加重了李从珂的疑心。当时,石敬瑭屯军忻州,在分发朝廷下发的物资时,竟有军人向他呼喊"万岁"。面对李从珂的猜忌,石敬瑭也渐生异志。为了试探朝廷,他屡次上表,表示自己身体不好,希望能解除兵权,徙镇其他地方。清泰三年(936)五月,李从珂与臣下薛文遇讨论如何处理石敬瑭,薛文遇坦言:"石敬瑭移镇会反,不移也会反,不过早晚的事,不如先下手为强。"李从珂于是下定决心调换石敬瑭。

当朝廷让他镇守其它地区的消息真的传来,石敬瑭便和众将商量,暗示自己不能束手就擒,将对外结交契丹,据险自守。虽然众将意见不一,但其中桑维翰、刘知远完全赞同石敬瑭的想法,这坚定了石敬瑭谋反的决心。于是,他上表称李从珂这皇位得来不正当,请立许王李从益为皇帝。至此,石敬瑭与李从珂彻底决裂。

儿皇帝

李从珂下诏削夺石敬瑭官爵,派张敬达等领兵讨伐他。张敬达很快就率军围住了石敬瑭所在的晋阳,石敬瑭立即向契丹求援。为了换取契丹派出援军,石敬瑭表示愿意称臣于契丹主耶律德光,并且以对待父亲的礼仪对待他。如果事成,就割让卢龙一道与雁门关以北诸州给契丹。刘知远苦谏:"称臣就行了,认契丹为父就太过了。只要用足够的金钱贿赂契丹,他们就一定会出兵,不需要再出让土地,这样做恐怕日后会给我们留下大隐患,那时就追悔莫及了。"但已经病急乱投医的石敬瑭根本听不进去。

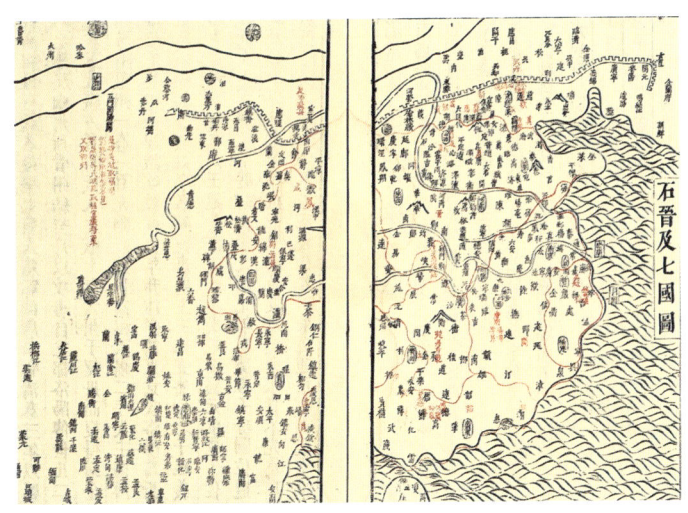

《今古舆地图》中收录的"石晋及七国图"

得到石敬瑭的上表,早已觊觎南方土地的耶律德光大喜,答应仲秋(秋季的第二个月)后就出兵助战(那时正好秋高马肥,利于草原民族作战)。九月,契丹出兵,大破唐兵。十一月,耶律德光立石敬瑭为帝,改元"天福",国号"晋",史称后晋。登基过程中,耶律德光脱下自己的衣服、解下自己的冠给石敬瑭穿戴上。这是前所未有的事情,中原皇帝被草原君主加冕,而且穿的还是草原民族的服饰,这象征着契丹与后晋的主从地位,与之相伴的就是"儿皇帝"这一史无前例的可耻称呼。

称帝后,石敬瑭依据协议,将幽、蓟、瀛、莫、涿、檀、顺、新、妫、儒、武、云、应、寰、朔、蔚十六州割予契丹,从此南方政权失去了长城的掩护,中原大地暴露在草原的铁骑下,直接影响了此后华夏大地数百年的格局。刘知远所说的"大隐患"一语成谶。

石敬瑭才稳定局势不久,一场新的危机又开始悄然酝酿。后唐镇守幽州的大将赵德钧也希望借契丹之手助自己称霸中原。他开出的条件是,如果契丹同意帮助自己称帝,就立即出兵灭后唐,与契丹结为兄弟之国,同时仍然允许石敬瑭占据河东。赵德钧曾经屡次打败契丹,其驻军的位置正好扼守契丹大军的归路。耶律德光明白,此时契丹虽然连胜唐兵,但毕竟是孤军深入,前面的胜利靠的是后唐将领各怀鬼胎,一旦自己失利,诸将回过神来,恐怕就会死无葬身之地。所以赵德钧开出的条件让他十分动心。

听说了消息的石敬瑭大惊,他知道一旦契丹与赵德钧达成交易,自己对契丹而言作用就小了。虽然赵德钧答应保留他原来的地盘,但只要等赵德钧完成灭唐大业,转头对付自己不过是举手之劳,到时契丹也未必会在意他这个"儿皇帝"。于是,石敬瑭派出桑维翰劝阻耶律德光接受赵德钧的提议。桑维翰晓之以理、动之以情,甚至不惜在耶律德光营帐之外跪了一整天,终于说动耶律德光,免去了石敬瑭的后顾之忧,

五代时期耀州窑产青釉刻花提梁倒流壶
文物现藏于陕西历史博物馆

但也因此,石敬瑭对契丹更加敬畏,后来对于契丹的要求几乎百依百顺。

本来，后唐尚可与契丹、石敬瑭背水一战，但此时的李从珂已经毫无斗志。连皇帝都听天由命，诸将更是见势不妙便纷纷投降契丹。最终李从珂知道大势已去，自焚殉国。而首鼠两端的赵德钧也没逃过兵败投降的命运。契丹述律太后曾当面讥讽赵德钧："你想做天子，为什么不先堂堂正正击退我儿（耶律德光），再慢慢谋划？那样也不晚。结果你作为臣子，上负皇恩，不能击敌，下又想乘乱获利。这种作为，有何面目苟活于世间？"

后唐的灭亡让石敬瑭暂时松了一口气，但战后留下的烂摊子还需他去收拾。对于臣服于契丹的后晋，许多藩镇并不认可。此外，为应付契丹的索取，后晋也面临巨大的财政压力。在这种情况下，石敬瑭听从桑维翰的建议，推诚弃怨以抚藩镇，卑辞厚礼以奉契丹，训卒缮兵以修武备，劝课农桑以实仓廪，通商薄税以丰货财。数年时间，国家勉强获得了一个还算安定的局面。

但"儿皇帝"的恶名就像大山一样压在石敬瑭肩头。这个年轻时曾经一往无前的勇士，此时已成了唯唯诺诺的老人。当看着属下刘知远逐渐做大，同时以反对称臣于契丹而被称赞"大义"时，石敬瑭心头的苦涩恐怕无人能知。不知他有没有后悔，当年在老主公死后，也许背着叛臣之名被冤死，也比如今当着遭人唾弃的"儿皇帝"更适合他。最终在憋屈中，石敬瑭走完了自己的一生。

虽然契丹是中原政权的敌国，但述律太后对赵德钧的评价却非常贴切地应和了五代这段最黑暗的时期。争夺天下的人们已经丧失了堂堂正正逐鹿中原的勇气，你死我活、尔虞我诈的残酷生活似乎摧毁了英雄成长的土壤，转而习惯于投机取巧。但历史是公平的，用丧失尊严换来的权力最终带来的只有屈辱与骂名。

四朝元老

曾有一人,在风云变幻的唐末五代,历经四朝十帝而屹立不倒,有人称赞他是真士大夫,有人讥讽他是无耻之尤,但没有人能否认,这是一个提到五代就注定绕不过去的人物,他的一生就是一部活的五代史。这个人就是冯道。

冯道,字可道,瀛洲景城(今河北沧州一带)人。他小时候从不以衣服、食物粗陋为耻,除了侍奉双亲外,就是以读书为乐,即使大雪封门,灰尘满席,也安之若素。到了唐哀帝天祐年间,他被幽州节度使刘守光征召为下属。刘守光败亡后,投奔了河东监军使张承业(张承业身为太监,是唐朝指派给河东节度使李克用的监军,一直对唐朝忠心耿耿。李克用死后他继续辅佐李存勖,后来因为李存勖执意建立后唐,忧愤而死)。冯道文笔很好,张承业将他推荐给了晋王李存勖。不久,冯道就成了李存勖的掌书记(类似今天的秘书,负责为长官起草各类文书),替他管理所有文书。

庄宗赏识

冯道为人俭朴,平易近人,在军中只有茅屋一间,以草为垫,得到俸禄便与下属一起分享。当时诸将不时有抢掠妇女的行径,有

四朝元老

唐代文官俑　文物现藏于陕西历史博物馆

时还会给冯道送一些,冯道在推辞不得的情况下,便让人打听她们的家庭情况,然后将她们送回亲人身边。

李存勖军中有很多非战斗人员也享受军人的伙食待遇,增加了后勤补给的压力,将领郭崇韬劝李存勖略作削减。李存勖大怒,认为都是跟着自己出生入死的人,享有优待是应该的,要撤郭崇韬的职,冯道冒死劝谏,认为此举过激,李存勖怒气稍解,认为冯道说得有道理,争执方得化解。经过这件事,大家开始对冯道的胆量刮目相看。

后来,李存勖建立后唐,灭后梁,冯道升为中书舍人、户部侍郎。父亲去世后,冯道辞官在景城为父亲服丧,住茅屋,自耕自食。如果遇到附近有人不愿意耕田,或者没有能力耕田的,冯道就偷偷代他们耕,被人知道后,也不居功,处之泰然。地方官有时会送来一些礼物,冯道一无所受。遇上饥荒,冯道会拿出所有家财、俸禄,用来赈济乡里。

服丧结束,冯道又被唐庄宗李存勖召为翰林学士。在去洛阳赴任的途中，李嗣源在邺都发动政变。有人劝冯道可以稍作停留，观望事态发展，然后再作决定。冯道说："我是奉诏去京师的，怎么能在半路私自停留！"反而加快入京。

明宗重用

后来庄宗被杀，李嗣源即位（即后唐明宗），听说了冯道所为，很是感慨，就问下属："冯道以前是什么官职？"下属回答说："是学士。"明宗说："我早就听说过他，正适合当我的宰相。"于是拜冯道为端明殿学士，迁兵部侍郎，一年就升为中书侍郎、同中书门下平章事（中书、门下二省本为政务中枢，同中书门下平章事即与中书、门下协商处理政务之意，职权相当于宰相）。

升官后，冯道留意提拔那些家境不好、怀才不遇的贫寒士子，给他们上升的机会，而对唐末以来出身豪族、急于升迁的官员则置之不理。这引起了很多非议。一次散朝后，冯道在前面走，连回了几次头，就有人讥讽他：一定是弄丢了《兔园册》，正在找呢！（《兔园册》是当时的一种启蒙读物，包括与科举有关的内容，几乎每家都有，讥讽的人借此暗指冯道学识浅薄，把启蒙读物当宝）冯道知道后，说："《兔园册》里的文章都是名儒所集，我能熟读。士子们只看其中有关科举的部分，便能谋取公卿之职，凭什么说它浅薄呢？"冯道写文章，除文辞华丽以外，也暗含古理，久而久之，众人都佩服其文才，不再轻视他。冯道的官越做越大，但他从不因为自己身份的变化而轻视别人，唐明宗赞叹他是"真士大夫"。

天成、长兴年间，天下太平。冯道就提醒唐明宗要居安思危，说："臣过去在河东（河东道在太行山西）当掌书记的时候，曾经奉命出使中山（中山在太行山东），在路过井陉（太行山中沟通东西的要道)的时候,因为地势险峻,害怕马匹失足落崖,所以不敢放松警惕,得以平安下山。结果到了平地,以为没有危险了,反而落马受伤。面临危险时,我们思虑谨慎,容易获得周全。而处于安全的地方时,反而会因放松警惕而遭受意外,这是人之常情。"

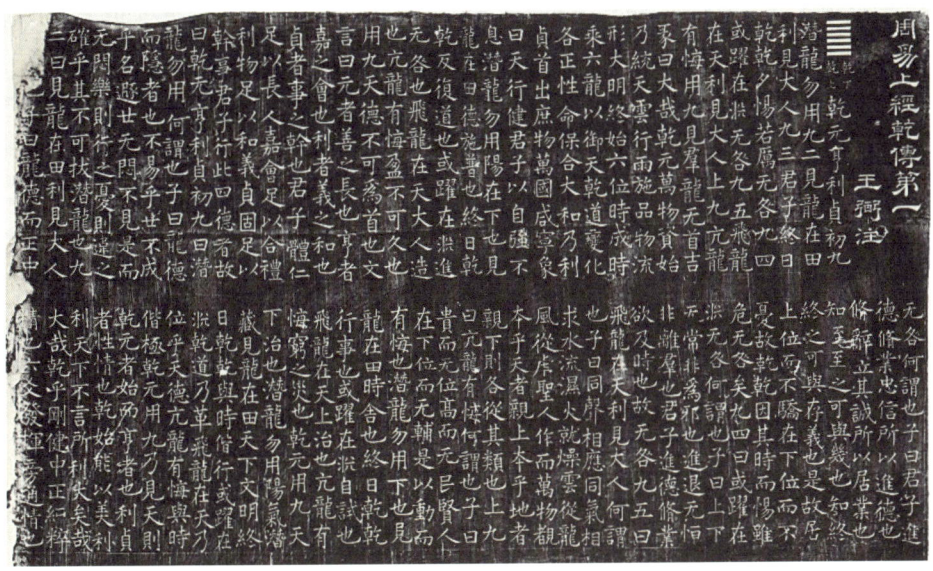

开成石经拓片(局部) 拓片原件现藏于京都大学人文科学研究所

唐明宗问:"天下丰收,百姓生活能好过一点了吗?"冯道说:"谷价太高,民众买不起粮食,就会挨饿;谷价太便宜,农民卖粮食不赚钱,就会亏本。这是常理。"在说完了抽象的道理后,为了让皇帝更深切地感受民众的艰辛,特意背了一首聂夷中的《伤田家》:"二月卖新丝,五月粜秋谷。医得眼下疮,剜却心头肉。我愿君王心,化作光明烛。不照绮罗筵,只照逃亡屋。"(二月不是卖丝最好的季节,五月不是卖米最好的季节,但迫于生计,不得不卖,所以说医好了眼前的伤口,但实际上心中非常痛苦。但愿帝王的心,能变成一支光明的蜡烛。不去照亮穿着绸缎的富贵人家的筵席,只照着逃亡庄户的空茅屋。)唐明宗听了深有感触。

当时,由于市面上的儒家经典错误很多,冯道便和同僚让学官田敏等用唐朝时的石经(即"开成石经",唐文宗太和、开成年间曾专门派人在石头上雕刻儒家经典,以供天下人核对、诵读)为底本,雕版印刷了一批典籍,泽及后人。

石敬瑭信任

唐明宗死后,唐闵帝即位,潞王李从珂在凤翔起兵反叛。闵帝出奔,冯道率百官迎接潞王(即唐废帝,也作"末帝")。不久,闵帝被杀。作为前朝大臣,冯道自然不受新皇帝信任,被排挤出京师。对于境遇变换所感受到的人情冷暖,冯道无喜怒之色。不久,大概是意识到冯道的重要性,其又重新被召回京师,升为司空。

天福元年(936),石敬瑭勾结契丹灭后唐,更称晋高祖,建立后晋。冯道又成为后晋的宰相。天福二年(937),晋高祖派冯道出使契丹。当时人都认为这次出行很可能有去无回,不敢去,而冯道毅然出行。契丹王不希望后晋的臣子只忠于后晋,在契丹期间,他多次试探冯道愿意留下还是南归,冯道假装愿意留下,甚至说出了"南朝(后晋)为子,北朝(契丹)为父,我在两边都是当臣子的,没什么区别"的话,最终消除了契丹王的疑心,放他南归。

等到这次九死一生的出行归来,晋高祖立即表现出要重用冯道,将大小事务都委托给他的态度。但是私下,石敬瑭则试探性地向冯道询问行军打仗的事。冯道说:"陛下英武,天下所知,军事方面也都应该圣心独断。我是一个书生,只会墨守成规,不敢犯错。

四朝元老

以前我侍奉唐明宗的时候,他这么问我,我也是这么答的。"石敬瑭对这个回答非常满意。后来,冯道上表请求退休,石敬瑭连表交都不看就拒绝了。当时冯道的待遇在朝臣中无人能比。

天福七年(942),石敬瑭病重,将亲生儿子石重睿托孤给冯道。但高祖死后,冯道以"国家多难,宜立长君"为由,拥立石敬瑭养子石重贵即位,是为晋少帝(又称晋出帝)。

冯道曾私下问朝中的熟人:"外界怎么评价我?"对方回答"是非各半"。冯道笑道:"说我坏话的恐怕十中有九吧。不过,孔子那样的圣人都有人说坏话,何况我这样没本事的人。"虽然知道自己饱受非议,但冯道并不因此而改变,坚持做自己认为正确的事。后来

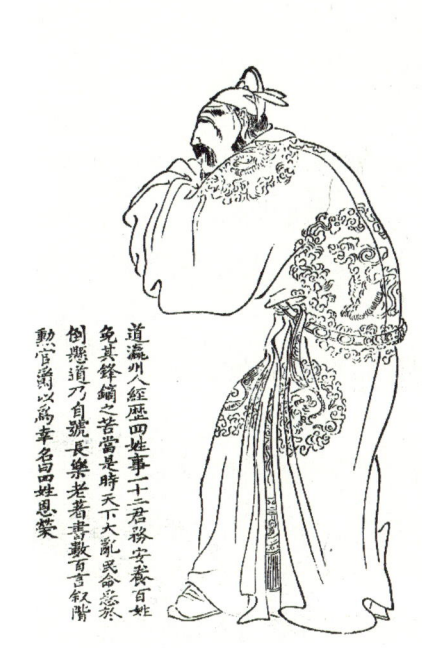

清《无双谱》中收录的冯道事迹

有人对少帝说:"冯道在太平时期是个好宰相,碰到乱世就难有作为了。"当时正处乱世,冯道再次被排挤出京师。

天福十二年(947),契丹主耶律德光攻入晋都汴梁,后晋灭亡。耶律德光将冯道从外地召回。见到冯道时,耶律德光问他:"你为

什么这么听话,一喊就来?"冯道说:"我无城无兵,哪敢不来!"耶律德光讥笑他:"你算什么样的人?"冯道答道:"我就是个无才无德又蠢又笨的老家伙("无才无德痴顽老子")。"耶律德光又问:"天下百姓,要怎么才能得救?"冯道说:"现在的百姓,佛祖再世也救不了,能救他们的只有皇帝您。"耶律德光很得意,杀冯道的心思减少了许多。在冯道和赵延寿的暗中庇护下,中原的百姓才大多得以保全,免于被屠戮。

归降后汉

同年二月,刘知远在太原称帝,建立后汉,是为后汉高祖。四月,耶律德光北归,命冯道等降臣随行。不料耶律德光突然病逝于归途中,契丹内乱,冯道等得以停留。他与同僚四处安抚民众、官员。后来有人想给他记功,冯道说:"我一个读书人能干什么?都是诸位将领的功劳。"八月,冯道归降后汉。

乾祐元年(948),冯道被后汉授为太师。除参加朝会外,他不过多参与朝政,并写下《长乐老自叙》。同年,刘知远病逝,太子刘承祐即位,是为后汉隐帝。这时郭威(后来的后周太祖)逐渐坐大。乾祐三年(950),郭威在邺都起兵,攻入汴梁,后汉隐帝遇害。郭威认为后汉群臣一定会拥戴自己即位,结果见到冯道时,发现冯道没有任何表示。按照礼仪,作为臣下的郭威要向冯道下拜,看见冯道没有上前拥戴自己为君,郭威只好像往常一样行礼。冯道安然受礼。郭威知道还不到称帝的时机,便扬言欲立武宁节度使刘赟(后汉皇族)为皇帝,并派冯道到徐州迎接刘赟。结果,刘赟尚未到达汴京,郭威就在澶州军变中被将士们拥立为帝(后来赵匡胤重现了这一幕)。至此,冯道再次改换门庭,投靠了后周。

五代周文矩绘《文苑图》卷(局部)　原件现藏于故宫博物院

显德元年(954),周太祖病逝,养子柴荣继位,是为周世宗。这时刘崇(刘赟之父,北汉的建立者)入侵,周世宗想御驾亲征,冯道极力劝阻。周世宗大怒,让他去主持周太祖郭威的丧事。郭威刚下葬,整个丧葬礼仪还没有完成,冯道去世,享年73岁。

冯道一生历任四朝,按后世眼光来看,毫无气节可言,所以历代史家对他多有微词。但在冯道漫长的政治生涯中,他俭朴自制,时有诤言,在有可能的情况下,引导统治者关爱百姓,不以物喜、不以己悲,因此一些现实中的政治家反而多对其心有戚戚。也许真像冯道自己在《长乐老自叙》中所言:"知之者,罪之者,未知众寡矣。"(赞同我的,不赞同我的,不知会有多少人)冯道自视如何呢?也许一切尽在"无才无德痴顽老子"一句。那我们又该怎么评价冯道?恐怕唯有扪心自问一句:易地而处,我当如何?

我命由我

　　乱世之中，人们都像无根的浮萍，随着时代的风潮四处飘零，不知终将魂归何处。今日高朋满座、往来皆贵，明日可能就陈尸街头，无人问津。在命运无情的反复面前，女性的处境更加艰难，不是作为家族利益的牺牲品，就是朝不保夕的可怜人。但面对险恶的环境，仍有一些女性不甘于受命运摆布，勇敢地争取幸福，希望能够掌握自己的命运。每当看到这样的人物，人们都不禁击节叫好，感叹一句常用却非常贴切的话——"巾帼不让须眉"。后周太祖郭威的皇后柴氏就是这样一位令人钦佩的女性。

　　柴氏出生于邢州龙岗（今河北邢台）。柴家是当地传承悠久的豪门大族，自然也是各种政治势力竞相拉拢的对象。不同势力间最常见的联合方式就是联姻。柴氏作为柴家之女，自然也难逃政治联姻的命运，被送入唐庄宗李存勖的后宫，成为他的嫔御（古代帝王、诸侯的侍妾与宫女）。

　　庄宗是一代人杰。李克用临死时给了庄宗三支箭，分别代表自己的三个仇人——朱温、刘仁恭、耶律阿保机，嘱咐庄宗为其报仇。庄宗励精图治、训练军队，最后击败朱温，斩杀刘仁恭，驱逐耶律阿保机，建立了后唐。后唐的疆域在五代（梁、唐、晋、汉、周）中最为辽阔，庄宗也在此时走上了人生巅峰。如果故事到此为止，那柴氏恐怕只能是史书中连名字都不会被提起的某个数字（如庄宗有"嫔妃二"，那柴氏就只是这个"二"所代表的被隐去的名字之一）。命运之神似乎不愿意她一生走得如此平淡。

下嫁郭威

在志得意满之后，庄宗开始贪图享乐。他有一个特殊的爱好——听剧，甚至封演员为官，听信谗言，随意诛杀大臣。朝廷一时间被搞得乌烟瘴气，最终庄宗众叛亲离，被后来的唐明宗李嗣源取代。

庄宗死后，明宗没有为难他的后宫，将包括柴氏在内的宫人都遣散回家。归途中，柴皇后和双亲在黄河边突遇暴雨，一行人不得不在旅社中住下，准备等雨停再继续赶路。这场暴雨也成了柴氏命运的转折点。

明代《三才图会》中的后周高祖郭威像

在旅社中，柴氏闲来无事，就开始观察旅客中的各色人物。这时有个大汉从她门口经过。大汉一看就是穷苦出身，衣服破破烂烂,遮不全身体,但整个人器宇轩昂,不像普通人。柴氏便让身边人去向老板打听这人是谁,老板说:"这是马步军使郭雀儿(郭威的小名或者绰号)。"

郭威出身贫寒,为了活命加入军队,靠勇力过人、下手狠,逐渐成为一名颇受长官器重的亲兵。与一般为了养家糊口加入军队的士兵不同,郭威除了勇力过人之外,也很注意观察长官管理军队的方法,不懂就问,所以很快就开始熟悉军中的各项事务,为以后的崛起打下了基础。

尽管未来的郭威是雄视北方的后周太祖,但在见到柴氏时,他还只是一个部队的小头目,对未来满怀憧憬,但眼下还非常茫然。他欠缺的就是有人能帮助他站在更高的层面上看待问题,完成从小卒向大将的蜕变。

柴氏一眼就看中了郭威。在经历过一次因为家族利益而不得不遵从的婚姻后,柴氏决定这次要把人生牢牢把握在自己手中。她把想法告诉了父母。父母大怒,质问她:"你是什么人?你曾是皇帝的身边人。以后要再改嫁,以我们柴家的背景,最少也要嫁个节度使。这个臭小子算什么东西?你居然要嫁给他!"柴氏坚定地说:"这个人我嫁定了。他以后一定会成大事,我不会放弃这次机会。我很感谢父母的养育之恩,行囊中的财物,你们拿走一半,就算我对你们的报答。剩下的一半,我自己拿走。"经过一番激烈的争吵,看到女儿心意已决,又回想起过去在婚姻大事上对她的歉疚,柴氏的父母勉强答应了她的请求,在旅馆里给两人举办了简单的婚礼。

对郭威来说,能赢得同乡(郭威也是邢州人)豪族家女儿的青

唐代红衣男装仕女图壁画　出土于武惠妃墓，原件现藏于陕西历史博物馆

睐，恐怕连他自己都有点受宠若惊。郭威没有辜负柴氏的眼光。他凭借自己对于军队文书的熟悉受到上级的喜爱，后来的后晋高祖石敬瑭、后汉高祖刘知远都很欣赏他。

协助郭威

而柴氏也开始利用自己出身于豪门的视野，帮助郭威逐步将潜在的能力转化为实力。首先，柴氏利用柴家的资源帮助郭威不断巩固、拓展他的朋友圈。早期的郭威虽然也很有能力，但由于出身贫寒，没有多余的利益可以用来进行交换。现在柴氏带来了柴家的支持，郭威开始不断交结新老朋友，完善自己的人际资源网。其次，在生活作风上，柴氏规劝郭威改掉过去的一些陋习，比如喜好赌博，乱讲义气，做事没有分寸，不拘小节。最后，柴氏还利用自己家族在河北的关系帮助郭威打开局面，同时劝说郭威收养自己的侄子柴荣作为养子，进一步加强柴家与郭家的联系，让柴家愿意在郭威身上投入更多资源。

在柴氏的帮助下，郭威在军中如鱼得水、步步高升。天福十二年（947），刘知远在山西称帝，建立后汉，是为后汉高祖。郭威在其中出力甚多，被授予权（非正式）枢密副使（枢密使一职最早出现于唐后期，是枢密院主官，原任用宦官，到了五代时改由士人充任，后又逐渐被武臣所掌握。枢密使掌军政大权，权力几乎等同于宰相，副使即为枢密使副职）、检校司徒（唐中后期开始，加"检校"的官职均为散官或加官，不具有实权，主要表达深受恩宠，所以实权官职还是看检校前面的官称，这里就是"枢密副使"）。汉军打下开封后，后汉高祖正式任命郭威为枢密副使、检校太保。

圣穆皇后

不久,乾祐元年(948),刘知远病逝,隐帝刘承祐继位。郭威作为顾命大臣,拜枢密使,加检校太尉,掌管全国的兵权。当时,河中节度使李守贞、永兴节度使赵思绾、凤翔节度使王景崇相继拥兵造反,朝廷屡次出兵讨伐,均无功而返。郭威于是带兵出征。郭威日常平易近人,与士兵同甘共苦,对下属有功必赏,作战时身先士卒,下属受伤必亲加抚慰,所以甚得军心,将士们甘愿为他尽忠效命,因此部队的战斗力很强,出征后一举平定了叛乱。之后,契丹入侵,郭威又移师北伐,逼退契丹,凭借战功进封邺都留守、天雄军节度使,兼枢密使,河北众多州郡都听郭威节制。至此,郭威走上人生巅峰,但也因此埋下了悲剧的种子。

骑马仕女俑

唐彩绘泥塑骑马仕女俑 出土于新疆阿斯塔那墓,文物现藏于新疆维吾尔自治区博物馆。

自古就有"功高震主"的说法,再加上唐末五代以来,在幼主临国、军权旁落的情况下,主弱臣疑,几乎没有不改朝换代的,所以郭威的军功及迅速膨胀的势力引起了后汉隐帝的忌惮,君臣之间的关系逐渐紧张到矛盾一触即发的境地。

乾祐三年(950)十一月,隐帝为收回权力,诛戮不将自己放在眼中的诸位将军,又暗中下旨让郭威身边的人诛杀郭威,结果被郭威知道了。郭威在众将官面前演了一出苦肉计,让下属奉诏杀己,以取得功名。因为郭威平时的威望,众人不敢妄动,反而表示愿意追随郭威,入朝"清君侧"(诛杀皇帝身边的坏人,这是臣子叛乱入京常用的借口)。在听到郭威进军的消息后,隐帝便把郭威留在都城的家属,不分男女老幼——全部处死,柴氏亦在其中。就这样,郭威生命中最重要的女性,却连最后一面都没和郭威见上,便惨遭杀戮。柴氏死后,郭威非常痛心,即位后立即下旨追尊柴氏为皇后,群臣上谥号为"圣穆"。

柴氏的一生可谓起起伏伏,从早年出于家族利益入嫁唐庄宗后宫,到后来自己作主下嫁郭威,两位夫君皆是人间豪杰。但一个是被动的安排,一个是主动的选择。虽然最终柴氏没有看见自己心仪的男子坐上皇帝宝座,但她对主动权的争取,其背后"我命由我不由天"的无声呐喊,都让我们深深地感受到一位五代女性在乱世中不屈服的胆识。同时,最终柴氏未能见到剧终大团圆的遗憾,又为整个故事增加了一抹悲壮的色彩。

黎明曙光

《水浒传》中有位英雄柴进,绰号"小旋风",家中有宋太祖赵匡胤御赐的丹书铁券(古代帝王颁授给功臣、重臣的一种特权凭证,也就是俗称的"免死金牌")。在国姓为"赵"的宋朝,为什么一个"柴"姓人能获得丹书铁券?这是因为小说里柴进是周世宗柴荣的嫡系子孙。那么为什么柴荣能让宋太祖给予他的后人如此殊荣呢?原因在于,宋太祖曾是柴荣的手下,而赵家的天下又是从柴家手中夺来的,为了表示对柴家让位的感谢,宋太祖赐予柴家后人免死的殊荣。而这位为子孙挣得了免死资格的周世宗柴荣,正是唐朝日落西山后混乱的五代中最后一抹灿烂但短暂的余晖。

柴荣,邢州龙冈人,亲生父亲名守礼。柴荣小时候是在姑妈家长大的,姑父就是后来大名鼎鼎的周太祖郭威。郭威无子,便让柴荣帮忙打理家事。柴荣办事认真,虽然郭家已经败落,但仍被他安排得井井有条。久而久之,郭威越来越喜欢这个侄子,便将他收为养子,改姓为"郭"。

柴荣器宇轩昂、文武双全,而且为人谨慎沉稳。天下大乱,郭威开始崛起,柴荣也成了郭威倚重的左右手。后来郭威入京篡汉,

演义小说中的柴荣、赵匡胤和郑恩

便留下柴荣守大本营邺城。

柴荣继承帝位

郭威篡位成功后,改国号为"周",自己成了周太祖。但他在位仅三年多便身染重疾,才建立不久的周朝内部暗流涌动。柴荣不是郭威的亲生儿子,有人对他的继承权产生了质疑。关于这场惊心动魄的宫廷斗争的实情,我们已经难知其详,史书上留给我们的记载只有郭威于显德元年(954)正月十七日崩,死后,柴荣秘不发丧,二十一日突然出现了郭威的遗嘱,称"晋王荣可于灵柩前即位",随后柴荣便顺理成章地登上了皇帝宝座,是为周世宗,时年三十四岁。但这不是故事的终结,而是一场新危机的开始。

黎明曙光

御驾亲征

如此年轻的皇帝,如此年轻的王朝,在一个尔虞我诈、你死我活的混乱时代,如何能生存下去?这成为摆在柴荣面前的一个巨大难题。而很快,"出卷子"的人就出现了。虽然郭威篡汉,但后汉的血脉并未完全断绝,后汉高祖刘知远的兄弟刘崇尚在,并且建立了北汉。刘崇一直想恢复后汉的基业,为了对抗郭威,甚至不惜卑躬屈膝,与辽国约为父子之国,称辽帝为"叔",自称"侄皇帝",希望借助辽国的力量攻打后周。但郭威棋高一筹,即使在辽国的帮助下刘崇仍是胜少败多。随着郭威去世,刘崇认为自己报仇的机会到了,便再次联络辽国,准备趁周朝换帝未稳之机,趁火打劫。

在此危急存亡之时,后周内部发生了分裂。新即位的柴荣准备御驾亲征,而以老臣冯道为代表的一派力主持重。双方在朝堂上展开了激烈的交锋。柴荣说:"过去唐太宗创业时,几乎每次大仗都会亲征,我为什么不可以?"冯道说:"陛下不能轻易学太宗。"柴荣又说:"刘崇军队不过是乌合之众,如果碰上我军,击败他们就像大山压鸡蛋一样,一碰即碎。"冯道反讽:"陛下你是山吗?"双方不欢而散。

从理性的角度分析,冯道劝阻柴荣亲征并非毫无道理。柴荣即位时就争议重重,国内反对者不在少数,一旦亲征失利,反对力量必然与刘崇里应外和,那时后周十有八九会土崩瓦解。但柴荣看得更远。在混乱的五代,强者为尊,柴荣即位并非没有异议、名正言顺,所以面对外敌挑衅,如果派别人去阻击,胜利了也许就是造就下一个郭威(后汉高祖去世,新帝幼年即位,遇到叛乱,派郭威前往镇压，结果乱平后，郭威坐大，最后一举篡汉），失败了，周朝更难逃覆亡的命运。相反，如果御驾亲征，输了自然万劫不复，但假如取胜，便可借用武功强行压制国内持异见的人，毕竟在强大的实力面前，其他一切都是浮云。不管如何选择，毫无疑问，都是一场豪赌。经过权衡，柴荣展现出一位英主的果敢，决定亲征。

后周的军官中不少是郭威留下的老部将，对柴荣这个老皇帝的假子（即养子，非亲生子）一直心存轻视，并不认为他能打胜这场仗（很多人在之后的战争中临阵脱逃），而且多年的征战也让他们成了老兵油子，善于在见势不妙时翻脸无情。柴荣对此心知肚明，他也在不断积累自己的力量。出征前，柴荣发出诏书，招纳那些逃入山林的亡命之徒，只要应命，便可以免去罪行。招纳来的人被编入禁军，后来果然在战争中发挥了奇效。

周世宗于显德元年（954，柴荣沿用了郭威的年号）三月十一日御驾亲征。十九日，双方战于高平县，柴荣亲自披甲乘马观战。两军交锋，不一会儿，右军樊爱能的骑军望敌而逃，紧跟其后的何徽的步军见

《唐律疏议》书影　本书为唐朝《永徽律》与其注疏合编，是唐朝乃至中国法律史上重要的法律典籍。

骑军溃散,也纷纷卸甲投降,后周右路大军一时岌岌可危。见情况危急,柴荣亲自去右军督战,一马当先,先挫敌军先锋,下属马仁瑀大喊:"主辱臣死!"引弓射杀敌兵数十人,其余战士亦奋勇争先,终于力挽狂澜,敌军大败。日暮时双方再战,敌军又溃,敌将张晖临阵被斩。诸将分兵追击,大获全胜。战后,临阵脱逃的将军、校官七十余人及阵前降敌的兵士都被诛杀。

在后来的追击战中,由于辽军的帮助,北汉虽然守住了都城太原,让柴荣不得不班师回朝,但临阵的果敢、杀伐的狠厉,无不震慑了后周官员。力主避敌的冯道被罚去为郭威办丧礼,结果病死在治丧过程中。这也意味着柴荣开始真正全面掌握朝政。

励精图治

此后,柴荣励精图治。首先就是整顿军事。与北汉的战争让他进一步了解到周军战斗力的不足,其中最严重的问题是将领怕死。柴荣下诏精选士卒、淘汰老弱,一举使周兵成为后来征伐四方、所向披靡的常胜军。在柴荣执政的短短六年中,周军北拒辽汉,西征后蜀,三伐南唐,奠定了后来北宋版图的雏形。在此期间,显德六年(959)北伐辽国,四十二天连收三州十七县的伟业更是后无来者。柴荣去世后,南方政权几乎再没战胜过辽国。

政治方面,柴荣努力澄清吏治。他严惩了一批贪污渎职的官员,接着完善举荐制度,所有被举荐人受官时,要写明举荐人信息,一旦被举荐人犯罪,便要严格追究举荐者的责任。同时扩大举荐范围,选拔贤才。最后,又通过制定《大周刑统》来巩固改革成果。

文化方面,柴荣全力扫除科举考试中的弊端。周初的科举常有滥竽充数的情况,显德二年(955)三月,柴荣亲自检查新及第进士十六人的诗赋、文论、策文等,当场黜落十二人,严厉申饬了相关礼部官员(礼部负责科举),并下诏要求整改。显德四年(957)十月,规定制科为三种:贤良方正能直言极谏科、经学优深可为师法科、详闲吏理达于教化科。就是说,能够正直进谏、学识渊博和管理有方的人都可以参加考试。应举者不限身份,官员、平民皆可应诏。显德五年(958)三月,为了加强对科举的有效管理,增加复试环节。显德六年正月,鉴于历年皆有已经放榜、后又追夺进士身份的情况,柴荣下诏,以后要等皇帝检查过名单、核对过试卷后才能

五代周文矩绘《重屏会棋图》卷(局部),描绘的是南唐中主李璟与弟会棋,摹本现藏于故宫博物院

正式公布名单。此外,造作乐律,撰写史书,校雠典籍,修订历法,不一而足。

在经济方面,均定田赋,扩建开封,限制佛教,兴修水利。

雄心勃勃的柴荣曾问王朴(传说善于算命)自己能活多久,王朴说:"陛下以苍生为念,自当蒙福。只是三十年以后的事我就不知道了。"柴荣很高兴,说:"若如你所言,寡人当用十年开拓天下,十年休养百姓,十年致天下太平,足够了。"

但不知是王朴术法不精,还是其言语另有深意,本打算大干一场的柴荣却在他人生最得意的顶峰突然陨落。显德六年六月癸巳,柴荣去世,享年三十九岁。

柴荣在血腥混乱的五代就如一颗闪亮的流星划过漆黑的夜空,为漫漫长夜带来了一丝黎明的曙光。青年即位,由于出身,朝堂之上,受尽狐疑的目光,国境之外,不乏贪婪的豺狼。身前身后,都是万丈深渊。一路走来,一步踏错便会粉身碎骨。但他沉着应对,力挽狂澜,不愧为史家所赞"五代第一明君"。也许这就是在看惯了辉煌的唐代剧后,让人昏昏欲睡的五代剧最后留给我们的一点惊喜。

隋唐五代大事年表

公历(年)	重要事件
581	北周灭亡,杨坚即皇帝位,定国号"隋",当年为开皇元年;铸五铢钱,颁布新法
589	南方陈朝灭亡,大分裂时代终结
600	隋文帝废太子杨勇为庶人,立晋王杨广为太子
604	杨坚死,杨广即位,是为炀帝
605	大业元年,开邗沟、通济渠,隋炀帝游江都,舳舻相接二百里
608	发民夫、军工百万人,通永济渠
610	隋炀帝再游江都,开江南河
618	杨广于江都被绞杀,李渊称帝,定国号为"唐"
619	王世充废恭帝杨侗,隋灭亡
626	玄武门之变,秦王李世民杀太子李建成、齐王李元吉及二人子嗣,李渊传位于李世民,自称太上皇
637	武曌入宫
641	唐蕃和亲,文成公主嫁松赞干布
643	太子李承乾被废,晋王李治被立为太子

(续表)

公历(年)	重要事件
644	太宗首次亲征高句丽,之后又两次亲征
649	李世民去世,李治即位,长孙无忌、褚遂良辅政
654	永徽五年,在感业寺为尼的武曌回宫
660	显庆五年,百济依仗高丽入侵新罗,新罗向唐求救,苏定方领兵击败百济
664	麟德元年,武曌与高宗李治并称"二圣",上官仪被杀
675	上元二年,武后毒杀太子李弘,改立李贤为太子
680	武后废李贤为庶人,立三子李显为太子
682	永淳元年,都城所在关中地区先后遭遇水灾、旱灾、蝗灾,之后发生疫病,死者无数,人相食
683	高宗李治卒,李显即位,为中宗
684	武后废李显,立四子李旦,为睿宗
690	天授元年,武后废睿宗李旦为皇嗣,即皇帝位,定国号"周"
705	武则天去世,张柬之等迎李显复位,大唐恢复国号
710	韦皇后、安乐公主毒杀中宗李显,太平公主、李隆基起兵诛杀韦氏、武氏,李旦复位
712	李旦传皇位于李隆基,是为玄宗,改元"先天"
713	太平公主预谋废李隆基,不成,被杀
742	李隆基治下的唐王朝此时河清海晏,国富兵强,盛极一时
744	天宝三载,平卢节度使安禄山兼任范阳节度使;李隆基迎杨玉环入宫
752	右相李林甫卒,杨国忠继任
755	安禄山自范阳起兵讨伐杨国忠,安史之乱爆发

(续表)

公历(年)	重要事件
756	安禄山在洛阳称帝,定国号"燕";李隆基奔蜀,行至马嵬驿,将士哗变,杀杨国忠、杨贵妃;太子李亨于灵武即位,是为肃宗,遥尊李隆基为太上皇
762	太上皇李隆基去世,不久肃宗李亨也去世,太子李俶即位,是为代宗
763	史朝义自缢而亡,燕旧将田承嗣、李怀仙等投降唐王朝,安史之乱结束
779	大历十四年,代宗李豫去世,子李适即位,是为德宗
805	德宗李适去世,李诵即位,是为顺宗;八月传位于子李纯,是为宪宗,顺宗自称太上皇
819	宪宗迎佛骨至长安,意欲在宫中供奉,刑部侍郎韩愈上《谏迎佛骨表》,因此被贬
820	宦官陈弘志杀宪宗,李恒即位,是为穆宗
824	穆宗李恒去世,子李湛即位,是为敬宗
826	苏佐明杀李湛,宦官王守澄发神策军,立李昂为帝,是为文宗
835	文宗李昂与李训、郑注等密谋诛杀宦官集团不成,李训等人均被神策军反杀,之后,亲属无论亲疏皆问罪被杀,史称"甘露之变"
840	文宗李昂去世,宦官仇士良等杀太子,立李炎为帝,是为武宗
845	会昌五年,武宗毁佛
846	武宗李炎去世,宦官迎立光王李忱,是为宣宗
859	宣宗李忱去世,遗诏立三子李滋,宦官王宗实废李滋,迎立长子李漼,是为懿宗
873	懿宗李漼去世,子李儇即位,是为僖宗
875	乾符二年,黄巢起兵响应王仙芝于乾符元年发动的叛乱
880	广明元年,僖宗赴汉中避难,黄巢入长安,称帝,国号"齐"

(续表)

公历(年)	重要事件
884	黄巢军溃败,黄巢起义结束
888	僖宗李儇返回长安,不久暴卒,宦官集团立寿王李晔为帝,是为昭宗
900	神策军在宦官主导下囚禁昭宗李晔,立太子李裕为帝
901	左神策军指挥使孙德超起兵迎李晔复位,朱全忠应崔胤之请起兵,宦官挟李晔出奔凤翔
903	朱全忠与李茂贞和解,迎李晔返回长安,尽诛宦官
904	朱全忠命手下杀李晔,立李柷为帝,是为哀帝,之后尽杀昭宗诸子及朝臣
907	朱全忠逼迫哀帝禅位,自立为帝,国号"梁",史称后梁,唐王朝灭亡,五代开始

图书在版编目(CIP)数据

少年简读中国史. 隋唐五代 / 陈小玲，吴琼，邓玮光著. — 2版. — 南京：南京大学出版社，2024.6
 ISBN 978-7-305-26987-5

Ⅰ.①少… Ⅱ.①陈…②吴…③邓… Ⅲ.①中国历史－隋唐时代－少年读物②中国历史－五代（907—960）－少年读物 Ⅳ.①K209

中国国家版本馆 CIP 数据核字（2023）第 091402 号

出版发行	南京大学出版社
社　　址	南京市汉口路 22 号　邮　编　210093
书　　名	**少年简读中国史·隋唐五代** SHAONIAN JIANDU ZHONGGUOSHI · SUI-TANG-WUDAI
著　　者	陈小玲　吴　琼　邓玮光
责任编辑	王　静　　　　　　　编辑热线　025-83593963
项目策划	王　静　王　俊　　　装帧设计　陆思洋
摄　　影	王　腾　陆思洋　　　插　　画　蒋汉珺
照　　排	南京南琳图文制作有限公司
印　　刷	南京百花彩色印刷广告制作有限责任公司
开　　本	787 mm×1092 mm　1/16 开　印张 8.75　字数 100 千
版　　次	2024 年 6 月第 2 版　2024 年 6 月第 1 次印刷
ISBN	978-7-305-26987-5
定　　价	29.80 元

网址：http://www.njupco.com
官方微博：http://weibo.com/njupco
官方微信号：njupress
销售咨询热线：（025）83594756

＊ 版权所有，侵权必究
＊ 凡购买南大版图书，如有印装质量问题，请与所购
　图书销售部门联系调换